Rolf Weber

Frühe hinduistische und buddhistische Tempel und Heiligtümer in Zentraljava

Eine Auswahl

Ein Lesebuch und Begleiter für Reisende und Entdecker der Tempel Süd-Ost-Asiens

© 2020 Rolf Weber

Verlag & Druck: tredition GmbH, Halenreie 40-44, 22359 Hamburg

© Autor: Rolf Weber
Umschlaggestaltung, Illustration: Rolf Weber

ISBN: 978-3-347-15972-3 (Paperback)
ISBN: 978-3-347-15973-0 (Hardcover)
ISBN: 978-3-347-15974-7 (e-Book)

Bibliografische Information der Deutschen Nationalbibliothek:
Die Deutsche Nationalbibliothek verzeichnet diese Publikation in der Deutschen Nationalbibliografie; detaillierte bibliografische Daten sind im Internet über http://dnb.dnb.de abrufbar.

Inhaltsverzeichnis

Das Dieng Plateau - hinduistisch

Örtlichkeit

Als 1814 britische Soldaten das *Dieng*-Plateau besuchten, entdeckten sie im See, der sich in der *Kaldera* des *Dieng*-Plateaus über Jahre gebildet hatte, einige Tempel schemenhaft im Wasser stehen. Das meldeten die militärischen Gefolgsleute an Gouverneur *Sir Raffles*, der das genauso in seiner Geschichte über Java vermerkte. Erst im Jahr 1856 legte dann ein niederländischer Ingenieur namens 'van Kinsbergen' diese Hochmulde durch einen

Dieng Plateau mit dem *Bima* Tempel rechts im Vordergrund, dahinter die Ebene in der *Kaldera* mit dem *Arjuna* Komplex und im Hintergrund das Dorf *Dieng*. Eine Malerei des 19. Jahrhunderts, nur drei Jahre nach der Trockenlegung durch V. Kinsbergen; aus: Dr. Johannes Müller: *Über Alterthümer des Ostindischen Archipels insbesondere die Hindu-Alterthümer und Tempelruinen auf JAVA, MADURA, und BALI. 1859.*

künstlichen Abfluss trocken. Nicht nur Tempel und Ruinen kamen in der nun trockenen *Kaldera* wieder ans Tageslicht, bald siedelten auch Menschen auf den fruchtbaren Vulkanböden, die mit unermüdlichem Fleiß einen üppigen Gemüsegarten schufen. Das *Dieng*, wie diese Landschaft genannt wird, ist eine Hochebene, die *Kaldera* eines Altvulkans mit 2200 m über NN. Sie liegt nordwestlich der Vulkane *Sindoro* (3155m) und *Sumbing* (3371 m) und der Provinzstadt *Wonosobo*. Eingebettet in dieser Hochmulde sind das Dorf *Dieng* und einige Tempelruinen, die teilweise wieder erstellt sind oder sich noch in der Restauration befinden. Auch kleine Seen, die wegen ihrer Säure,

8

die aus dem Erdinnern aufsteigt farbig schimmern, wie der *Telaga Warna,* der "Farbige See", liegen eingestreut auf der Ebene. Das Plateau fällt nach Osten und damit nach der Stadt *Wonosobo* steil ab. Auch dieser Steilhang wird im Terrassenanbau für Kartoffeln und Gemüse landwirtschaftlich genutzt. Eine pittoreske Landschaft mit aktiver vulkanischer Tätigkeit des *Kawah Sikidang,* eines heißen Schlammpfuhls, alles in allem vergleichbar mit dem 100 km nach Osten liegende *Bromo* Massiv.

Abb. 2. Da in die steilen Gemüsegärten nur wenige Straßen führen, tragen die Bauern die Ernte in Körben oder Säcken ins Dorf. Die Gärten sind fein säuberlich in Beete aufgeteilt, so können die Bauern zwischen diesen durchgehen, um die Beete zu wässern oder das Unkraut zu jäten. Gedüngt wird nur organisch mit Vogeldung (Hühnerdung). Das hochwertige Gemüse ist auf den Märkten sehr begehrt.

Foto: Angkormann/ R. Weber (2014).

Mit einem Kleinbus wird der Besucher von *Wonosobo* aus die steile östliche Wand des Massivs über enge Straßen zur Kaldera auf 2200 m hochgefahren. Atemberaubende Ausblicke eröffnen sich, oft bleibt der Bus auch stehen, um weitere Gäste zuzuladen, so bleibt immer Zeit für einen Schnappschuss. Vorteilhaft ist eine Auffahrt am frühen Morgen, dann sind kaum Wolken da und die Morgensonne taucht den Berghang in ein schwaches Gold. Fährt man mit einem gemieteten Bus oder Auto hoch, kann man öfters einen Stopp einlegen, auf der Höhe und unmittelbar an der Straße findet sich auch ein Aussichtspark mit Turm.

Kampung Dieng ist immer geschäftig, es wird viel gebaut, denn immer mehr Siedler kommen her, um Gartenbau zu treiben, der fruchtbare Vulkanboden lädt dazu ein. Einfache Unterkünfte für die Besucher sind genügend vorhanden, meist bleiben diese nur eine Nacht, schon wegen der relativen Kälte hier in den Tropen, das Thermometer fällt auf drei bis fünf Grad in der Nacht. Also Pullis nicht vergessen und in den Restaurants die frischen *Dieng*-Kartoffeln oder das *Dieng*-Gemüse probieren!

Am frühen Morgen oder auch noch am Abend, bevor die Sonne sich senkt, ist ein Besuch der *Arjuna* Gruppe ratsam, sie liegt nur wenige Gehminuten vom Dorf entfernt und ist gut zu besichtigen. Von hier aus lohnt sich auch ein Spaziergang zu dem erst 2014 restaurierten Tempel *Gatotkaca*. Auch der Weg zum Tempel *Bima*, der im gleichen Jahr restauriert wurde, ist möglich, er ist etwa 30 Gehminuten entfernt.

Historische Skizze

Die Tempel des *Dieng* werden als die ältesten in Zentraljava angesehen, wobei jedoch große Unsicherheit bei der Zeitbestimmung besteht. Einige Forscher legen den Baubeginn ins 7. Jahrhundert, wovon sich jedoch nichts erhalten hat, andere erst ins achte. *Degroot*, die sich jüngst mit der Datierung aller javanischen Tempel auseinandersetzte, fand einen Kompromiss und teilte alle Tempel in zwei Gruppen, die erste Gruppe vor 830 n.u.Z., die andere nach diesem Zeitpunkt. Nach einer neuerer lokalen Veröffentlichung: http://nusantarahistory.com/category/early-kingdoms/ {Text: The 7th Century Kalingga University} wird eine erste Bauzeit für die Tempel des *Dieng* durch einen Herrscher mit Namen *Sanjaya* aus der gleichnamigen Dynastie von 723-746 n.u.Z. angegeben. Eine nahe bei dem *Arjuna* Tempel dazu gefundene Inschrift, übrigens das älteste Zeugnis in javanischer Schrift, wurde auf 808/809 n.u.Z. datiert.

Etwa 400 Tempel sollen einst in dieser Gegend gestanden haben, wobei nur noch wenige sichtbar, ruiniert oder auch restauriert vorhanden sind. Auch werden in den Inschriften keine Namen der Tempel oder seiner Erbauer genannt, sieht man von König *Sanjaya* (1. Hälfte 8. Jahrhundert) ab. Auffallend für den *Dieng* ist die buchstäbliche Enge bei einst 400 Heiligtümern, von einer Systematik bei der Erstellung kann man nicht ausgehen, es wurde gebaut, wo sich Platz bot. Das ist sicher auch ein Grund, warum von älteren Bauten nichts mehr vorhanden ist. Ohnehin sind von der großen Anzahl nur noch acht Tempel übrig, fünf der *Arjuna*-Gruppe, unweit davon nach Westen der *Gatotkaca* und *Bima*, schließlich nach Nordost der *Dwarawati*, sowie einige Fundamente nahe der *Arjuna*-Gruppe.

Architektur

Die Tempel in der nördlichen Gebirgszone sind meist kleiner als die der Ebene, auch einfacher in ihrer architektonischen Struktur, nur wenige Ausschmückungen finden sich auch hier im Vergleich zu den größeren südlich von ihnen gelegenen Tempeln, wie etwa dem *Kalasan*, *Plaosan* oder *Prambanan*. Sie stehen unregelmäßig gruppiert, ganz wie man sie brauchte, auch ohne Berücksichtigung ihrer unterschiedlichen Baustile, auch religiös mythologische Grundauffassungen wurden kaum berücksichtigt, wenn man etwa an das *Mandala* Prinzip denkt, um die Ordnung der Welt abzubilden. Über den Eingängen und den Nischen wurden von Beginn an *Kala* oder *Makara* als Schutz angebracht.

Die enorme Zahl an Heiligtümern in der *Dieng Kaldera* führte zu einer wenig ausgewogenen Aufteilung des vorhandenen Baugrundes und zu einer wirren Bebauung. Sie ist heute übersät mit Ruinen und Tempelgründen, von der ursprünglichen Zahl sind noch lediglich acht Bauten vorhanden und restauriert.

Abb. 3. Übersicht über die *Arjuna*-Gruppe. *Arjuna* und *Semar* im Hintergrund, dann folgt *Srikandi* und eingerüstet (Jahr 2015) *Puntadewa*, ganz rechts *Sembodro*. Im Hintergrund ist das heutige Dorf *Dieng* zu erkennen. Um die *Kaldera* sind die teils wolkenverhangene Berge auszumachen.

Foto: Inge und Fritz (Germany 2015).

Die Tempel sind meist einzellig und im Grundriss quadratisch oder versetzt quadratisch mit einer *Yoni* und einem *Lingam* im Innern der *Cella*. Nach vollzogenem Ritual wurde von dem *Brahmanen* zu heiligendes Wasser über den *Lingam* gegossen, was sich in der rechteckig geformtem *Yoni* sammelte und aus dem nach Norden gehenden Ausfluss durch die Wand nach außen ergoss. Dort wurde es von den Gläubigen in einem Gefäß wieder aufgefangen. Das gesegnete Wasser brachten sie im Haus und auf Feldern zur Segnung der Fruchtbarkeit aus.

Die Arjuna Tempel Gruppe

Diese Gruppe, unweit des heutigen Dorfes in den Gartenfeldern gelegen, umfasst vier Tempel, die restauriert wurden, wobei einige zurzeit (2014/15) eingerüstet sind. Sie zeigen mit ihrer Öffnung alle gen Westen und stehen in einer Nord-Süd-Linie gereiht. Nördlich steht der vielleicht am besten erhaltene und restaurierte quadratische Tempel *Arjuna* mit einem Vorbau mit Treppeneingang. Die Seiten- und Rückwand sind durch aufgesetzte Umrandungen für Reliefs unterbrochen (siehe Fotos Seite 12 und 13). Ihm gegenüber steht ein kleiner rechteckiger, sehr flacher Tempel, mit kleinen Fenstern und einem niedrigen Eingang, der durch drei Stufen betreten wird. Es ist der Tempel *Semar* in rechteckiger Grundform. Da beide Tempel mit einer niedrigen Einfassung umrandet sind, bilden sie vermutlich eine Einheit, wobei die Aufgabe *Semars* nicht ganz deutlich wird, man sah in ihm eine Zelle, in die der Priester sich zur Vorbereitung zurückziehen konnte.

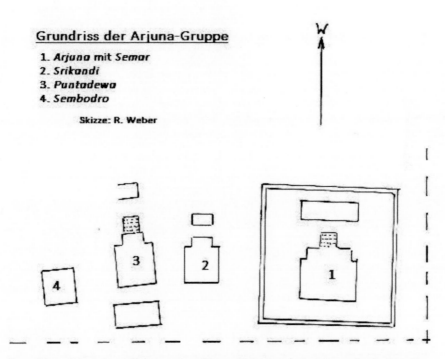

Grundriss der Arjuna-Gruppe

1. *Arjuna* mit *Semar*
2. *Srikandi*
3. *Puntadewa*
4. *Sembodro*

Skizze: R. Weber

Grundriss der *Arjuna*-Gruppe des Dieng-Plateaus, mit der quadratischen Umwallung steht rechts der *Arjuna*-Tempel (1) mit seinen nach Westen gelegenen Vorbau mit Treppe und Eingang. Ihm gegenüber der Schrein *Semar*. Südlich schließt sich der *Srikandi (2)* an, es folgt der *Puntadewa* (3) mit seinen beiden nur noch mit den Fundamenten erkennbaren rechteckigen Anbauten und schließlich der *Sembodro (4)*.

Diese niedrige Umwallung hatte je einen südlichen und nördlichen, vermutlich offenen Eingang, wie auf dem Grundriss zu erkennen ist. Der dann folgende *Candi Srikandi* ist auch nach Westen offen und ähnlich im Grundriss wie *Candi Arjuna*. Vor dem Tempel hat vermutlich ebenfalls ein dem *Semar* ähnlicher Raum gestanden und ebenso Spuren einer Umrandung. Vermutlich wurde Tempel *Puntadewa* einige Jahre nach den beiden ersten *Arjuna* und *Srikandi* erstellt, weil er doch merkliche Veränderungen zeigt. Zum einen

Abb. 4. Arjuna Tempel mit Semar in der Morgensonne. Gut ist die quadratische Grundanlage Arjunas zu erkennen. Das Dach ist aufwendig restauriert und dürfte dem Original sehr nahekommen. Innen ist eine Cella mit einer Yoni zu sehen. Die Außenwände sind durch Nischen unterbrochen. Der Tempel und auch sein Gegenüber sind für Besucher begehbar.
Foto: R. Weber (2017).

ist der Tempel nicht quadratisch, sondern rechteckig und die Seitenwände und Rückwand sind mit tieferen Nischen zur Aufnahme von Einzelstatuen gebaut, die in diese Öffnungen eingestellt werden. Die örtlichen Behörden haben im Jahr 2015 damit begonnen die Gesamtanlage zu erweitern. Dabei wurden an einigen Plätzen Fundamente von Tempeln freigelegt. Bei der Architektur des *Candi Puntadewa* werden die Unterschiede der Bauzeiten deutlich und sind bei einem Vergleich zu zu berücksichtigen. Wenn *Candi Arjuna* etwa um 750 n.u.Z. erstellt wurde, dann ist davon auszugehen, dass

Abb. 5. Eingang des Candi Arjuna.
Foto: Inge und Fritz, Germany 2015.

Abb. 6. Relief auf der Nordseite des 2. Tempels *Srikandi* der *Arjuna*-Gruppe, das trotz seiner Zerstörungen eine hervorragende künstlerische Arbeit des vierarmigen *Vishnu* darstellt, der das *Cakra* in einer seiner rechten Hand hochhält, in der zweiten ebenfalls ein Gegenstand seiner Götterwürde; links seinen Donnerkeil, wobei der zweite linke Arm jedoch zerstört ist. Er steht auf einem Podest, daneben eine Vase, die wie ein Lotus geformt ist und auch Blumen darin stehen, soweit das noch erkennbar ist. *Vishnu* trägt ein enges Beinkleid, darüber einen Lendenschurz und darüber wiederum einen nach vorne offenen *Sarong*, der beidseitig von der Hüfte herunterfällt. Links steht eine mit hoher Flamme brennende Feuerschale. *Devatas* über ihm streuen geöffnete Lotusblüten, als Zeichen des ewigen Lebens, um ihn zu ehren, über seinem Kopf ist ein offener Ehrenschirm.

Foto: Angkormann/R. Weber (2014).

Abb. 7. Candi Puntadewa.
Foto: Angkormann/R. Weber (2014).

Candi Puntadewa erst 80 bis 120 Jahre danach gebaut wurde. Zwar haben beide architektonisch eine Erhöhung durch die Treppe, die beim *Candi Puntadewa* zudem durch eine schön geformte Balustrade begrenzt wird, aber der dann folgende Körper des *Candi Puntadewa* wirkt höher und damit eleganter. Der ins Auge fallende Unterschied ist die Aufteilung des Baukörpers, die beim *Candi Puntadewa* durch tiefe und zugleich vorgesetzte Nischen verstärkt wird. Die zwischen Unterbau und der *Cella* umlaufenden horizontalen Auflassungen,

Abb. 8. Der südliche Tempel *Sembodro* der *Arjuna*-Gruppe mit den Vorbauten auf allen Seiten. Im westlichen Eingang liegt eine Nische, die sehr tief eingelassen war, damit die Statue ge-schützt war. Der quadratische Grundaufbau wurden durch die An- und Vorbauten einzelnen Mauern sichtbar verändert und aufgelockert.
Foto: Angkorman/R. Weber (2014).

trennen die beiden Bauteile deutlich und erreichen das mit einfachen Mitteln ohne eine aufwendige Ornamentik. Zusätzlich wird ein Ausgleich zwischen waagrechten und senkrechten Bauelementen erreicht. Auffallend ist zudem, dass sich die im Hinduismus vorgenommene Dreiteilung des Kosmos, unten die Unterwelt, dann die Welt der Lebenden und darüber

16

die Welt der Götter, gerade beim Tempelbau des *Candi Puntadewa* deutlich widerspiegelt und architektonisch herausgehoben wurde, wie das Foto (Abb. 8) verdeutlicht.

Candi Sembodro ist ein versetzt quadratischer Tempel, sein Nachbar *Candi Puntadewa* ist rechteckig in seinem Grundriss, was seine Bauweise auflockert.

Die westliche Tempelgruppe

Diese sehr unregelmäßig aufgestellte Gruppe, die in einer unregelmäßigen Linie von Norden nach Süden verlief, begann mit dem *candi Sentyaki*, der wie fast alle eine quadratische Grundstruktur hatte und seinen Eingang nach Südwesten. Über den nächsten Tempel *Candi Ontorejo* liegen keine Angaben vor, er war im 19. Jahrhundert laut den Aufzeichnungen der niederländischen Gelehrten bereits ohne Reste zerstört.

Nach Süden folgt *Candi Petruk*, dessen Eingang nach Osten lag, er stand unmittelbar neben dem vorigen *Candi Otorejo*. Einige Artefakte kamen bei Grabungen zu Tage, so drei Darstellungen von Bullen und eine *yoni*. Bei dem nächsten Tempel *Candi Nalagareng*, auch *Bagong* genannt, ging der Eingang ebenfalls nach Osten. *Candi Nakula* bildete sich aus zwei kleinen Schreinen, die vermutlich nach Westen aufgingen. Mehr ist dazu nicht bekannt.

Dwarawati

Abb. 9. *Candi Dwarawati.*
Foto: Angkormann/R. Weber (2014).

Im Nordosten der *Kaldera*, fast noch im Dorf gelegen, findet sich eine weitere Gruppe am Hang des *Mount Prahu*, von der noch in den beiden letzten Jahrhunderte Reste vorhanden waren. Heute ist *Candi Dwarawati*, wie *Candi Sembodro* gestaffelt quadratisch. Der Tempel ist in seiner Bauweise durch die Mauerunterbrechung und die Ansätze für Nischen aufgelockert. In keiner Weise wird die Senkrechte oder Waagrechte bevorzugt. Über den Grundmauern wird durch eine umlaufende Vertiefung, die wiederum durch eine rundum Mauerung gelockert wird, die Trennung zur Cella deutlich. Dies verleiht dem Gesamtwerk eine besondere Note und zieht den Blick auf sich. Er ist wie alle *Dieng*-Tempel nach Westen geöffnet.

Candi Gatotkaca

Dieser Tempel (Abb. 10) ist mittlerweile restauriert, so sind auch seine architektonischen Besonderheiten besser zu erkennen. Er ist der einzige von dieser Gruppe der bisher wiederaufgebaut wurde. Er steht nicht auf einer rechteckigen Umrandung, vermutlich war ein zweiter Schrein vorhanden, von dem jede Spur fehlt. Der Tempel selbst ist versetzt quadratisch mit einem nach West geöffnetem Vorbau.

Abb. 10. Vorseite *Candi Gatotkaca*. Möglicherweise stand rechts ein zweiter Schrein, wo heute nur noch die Steine zu finden sind.
Foto: Inge und Fritz (Germany 2016).

Candi Bima

Eine Ausnahme bezüglich der Bauweise stellt der *Candi Bima* dar, der von allen Hindu-Tempeln Javas eine außergewöhnliche Architektur zeigt. Er steht allein auf einem Hügel, getrennt von den übrigen Tempelgruppen des *Dieng*, so als wollte er seine Besonderheit hervorheben. *Candi Bima* ist der größte und höchste von allen, seine Architektur unterscheidet ihn von allen Tempeln in Zentraljava. Die Grundplatte ist quadratisch mit eingeknickten Ecken und gilt als versetzt quadratisch. Die Fassaden sind durch Vorsprünge leicht unterbrochen, was sie optisch auflockert. Die Front ist so gebaut, dass die Aussparung wie ein Vorbau aussieht, er misst etwa anderthalb Meter. Von

Abb. 11. *Candi Bima* vor der Renovierung 2013. Hier ist der Eingangsvorbau links deutlich zu erkennen.
Foto: R. Weber (2013).

Abb. 12. *Candi Bima* renoviert im Jahr 2014.
Foto: Angkormann/R. Weber (2014).

hier aus betreten die Gläubigen die *Cella*. Die anderen Fassaden des Tempelkörper laufen nach Innen versetzt hoch, haben in Unterbrechungen halbrunde Nischen, in die teilweise Büsten aus dem Grundstein herausgeschlagen wurden wie bei vielen Tempelreliefs. Fünf dieser stufenweise nach Innen versetzten Abschnitte sind es bis zur Zinne, die fast wie ein Stupa aussieht. Über dem Eingang ist jedoch die Einteilung der Fassade anders als bei den übrigen Seiten.

Abb 13. Ausschnitt (links) aus einem seitlichen Nischentürmchen mit Büste und Lotusknospe. Rechts daneben Abb. 14 (Ausschnitt). Ein weiterer Ausschnitt aus dem höheren Mittelteil der Fassade mit vier Nischen. Darstellung von zwei Urnen auf einem Podest stehend und Büste.
Fotos: Inge und Fritz (Germany 2015).

Die Umrandung der inneren Nische wurde mit nebeneinander gesetzten Lotusblütenblättern ausgeschmückt. Nicht in jeder Nische wurden Büsten aus dem Stein geschlagen, sondern auch Lotusknospen oder Urnen. Einige sind zerstört oder wurden entwendet. An diesen leeren Stellen sind jetzt lediglich Steine eingesetzt. Abb. 13 zeigt einen kleinen Anbau, der wie ein Türmchen auf jeder Ecke der oberen Stufen angebaut wurde, gekrönt von einer abgeschnittenen Kugel. Mittig der Fassade ist ein breiterer Vorsatz mit vier Nischen (Abb. 14), das trifft jedoch nicht für die Fassade über dem Eingangsvorbau zu. Diese Art der Nischen mit Büsten, Lotusknospen oder Urnen ist auch von anderen Tempeln bekannt. Bemerkenswert ist für *Candi Bima*, dass keine anderen Darstellungen, etwa Statuen von Göttern aufgestellt wurden.

Tempelgruppe Gedong Songgo - hinduistisch

Anreise zu den Tempelgruppen des *Dieng Plateau* und *Gedong Songgo*

Von Yogjakarta aus fährt ein kleines Busunternehmen einige Städte direkt an und hält nur an wenigen Punkten. Das ist die schnellste und preisgünstigste Art zu reisen. Nach Voranmeldung und Reservierung benötigt man etwa zwei Stunden für die Strecke nach *Wonososbo*.

Da es auf dem Plateau in der Nacht recht kalt wird, sollte man sich eher in Wonosobo im Hotel 'Asia' einmieten. Natürlich kann man auch direkt zum Plateau reisen, dort gibt es einige einfache *Losmen* (= Pensionen) im Dorf *Dieng*, auch ein Restaurant. Bitte entsprechend warme Kleidung mitführen. Von *Wonosobo* aus unbedingt frühmorgens mit dem Kleinbus zum *Dieng* fahren, da ist es meist wolkenlos, besser wäre auch hier ein Mietwagen. Bei späterer Ankunft findet man oft alles in Wolken gehüllt.

Guide-Empfehlung (englisch): *Bapak Eko* (niederländisch, englisch) und seine Frau *Anni* in *Wonosobo HP: 081 227 396 09*. Hilft auch bei der Unterkunft und Weiterreise. Möglicherweise kennt der immer freundliche *Bapak Eko* auch einen deutschsprachigen Guide.

Die Bergregion des *Mount Unguran* Vulkans lockte Hindu-Gläubige an, ihre Tempel am Südhang des Berges zu bauen, erreichte ihr Blick doch von hier aus die umliegenden Berge, die den Göttern als Wohnsitze dienten. Neben *Merbabu* und *Merapi*, sind auch an klaren Tagen frühmorgens der *Sumbing* und *Sundoro* zu sehen, vor denen sich die fruchtbaren Felder der *Progo*- und *Kedu*-Ebene ausbreiten.

Rundgang zur Tempelgruppe *Gedong Songgo*

Ca. 100 m NO von 4 liegt Tempel VI rot gepunktet.

Vulk. Aktivität

Roter Kreis:
Gedong
Songo VII

Modifizierter Plan vom Rundweg
Diese Karte hängt am Eingang zur
Orientierung der Besucher.
1 Gedong Songo I – *Candi Ratna*
2 Gedong Songo II
3 Gedong Songo III
4 Gedong Songo IV – *Gedong Tjina*
5 Gedong Songo V
Nicht verzeichnet mit Ziffern sind die
Tempel VI und VII, siehe Beschriftung!
Der Rundwege ist ca. 3 km lang. Ist für
weniger geübte Wanderer beschwerlich!
Foto und mod. Skizze
R. Weber

Historische Skizze

An den Seiten eines tief eingeschnittenen Cañons des Vulkans *Unguran,* wurden ab dem 8. Jahrhundert einzellige Tempel, einzeln oder in Gruppen, zu beiden Seiten dieses Cañons erbaut. Die ersten drei Einheiten stehen auf der östlichen Seite der Schlucht, die übrigen westlich gegenüber. Die Tempel am Südhang des *Mount Unguran* haben in etwa das gleiche Alter wie die des *Dieng Plateaus.* Ihr früher Baubeginn ist um das Jahr 730 n.u.Z. anzusetzen, die Bautätigkeiten dürfte bis ins 9. Jahrhundert angedauert haben. Die Bauten zeigen eine ähnliche Bauweise wie auf dem Dieng. Einige Tempel wurden bereits zu Anfang des 20. Jahrhunderts durch die niederländische Verwaltung restauriert, einige Reste so aufgeräumt, dass der Besucher ihre Bedeutung und Lage erkennen kann.

Nach dem Eingang steigt der Weg nicht sehr steil an und schon nach ein paar hundert Metern erreicht der Besucher den ältesten Tempel der gesamten Gruppe, nämlich *Gedong Songo I* auf einer Höhe von 1265 über NN.

Der quadratische Tempelkörper von etwa 5 m Seitenlänge steht auf einer größeren 1 m hohen Plattform. Alle Außenwände, außer der westlichen Eingangsseite, haben Nischen zur Aufnahme von Statuen. Über eine Eingangstreppe, die der hohlkehligen Plattform an der Westseite vorgesetzt wurde,

Abb.1. *Gedong Songo I* von Osten gesehen. Deutlich ist die seitliche Hohlkehle der Plattform und der schmale Gehweg um den Tempelkörper erkennbar. Möglicherweise diente dieser schmale Pfad als Umgang bei Prozessionen (*pradaksina*).
Foto: R. Weber (2019).

Abb. 2. *Yoni* aus Tempel
Abb. 1.
Der Ausguss der *Yoni* zeigt nach Osten. Durch eine Öffnung in der Wand konnte das durch die Zeremonie geheiligte Wasser außerhalb durch die Gläubigen aufgefangen werden.
Foto: R. Weber (2019).

erreicht man über Stufen den kleinen Vorbau am Eingang. Der Besucher steht vor einer engen Zelle, die gerade noch die Aufnahme einer *Yoni* zulässt.

Von hier aus steigt der Besucher einen grob gepflasterten Gehweg weiter empor und wird nach etwa 400 m den zweiten Tempel auf einer kleinen Anhöhe erreichen. Der Weg dorthin gabelt sich schon kurz nach dem Verlassen des Tempels I, ein Fußpfad biegt dabei nach links ab, die Budenbesitzer haben dort ein Schild angebracht, dass nur dieser nach Tempel II führt, um so die Besucher an ihren Verkaufsständen vorbei zu leiten. Der andere Weg führt ohne Hinweis links ab zum Tempel. Er verläuft nicht an Verkaufsständen vorbei, ist zudem nicht so holprig und leichter zu gehen. Überhaupt verlangen die langen Wege und teils enormen Steigungen eine gute Kondition und gutes Schuhwerk.

Abb. 3. Gedong Songo II.
Foto: R. Weber (2019).

Gedong Songo II liegt auf einer Höhe von 1350 m, also fast 100 Höhenmeter höher als sein unterer Nachbar. Die Gesamtanlage bestand ursprünglich aus zwei Tempeln, wobei von dem zweiten nur das Fundament,

Abb. 4. Tempel *Gedong Songo II*. Der einzellige Tempelkörper steht auf einer höheren Plattform, der Körper selbst dürfte etwas kleiner als der vorige Tempel *Gedong Songo I* sein. Der Eingang mit seinem kleinen Vorbau öffnet sich nach Westen und ist über eine mehrstufige Treppe zu betreten. Deutlich durch Mauerwerk hervorgehoben sind die Nischen, die vermutlich der Aufnahme von Statuen dienten. Das Türsims ist mit einem Kala-Antlitz geschmückt. Im Vordergrund die Reste des zweiten Tempels.
Foto: R. Weber (2019).

Abb. 5. Östliche Außenwand des *Gedong Songo II*. Aufwendig mit Ornamenten geschmückte Nische, wobei bei den Aufbauten die Skulpturen erhalten sind.
Foto: R. Weber (2019).

einige zerstörte Artefakte und behauene Steine übrig sind. Der niederländische Forscher *Stein-Callenfels* berichtete im Jahr 1916 noch von einem dritten Fundament.

Auch diese Gruppe wurde auf der östlichen Seite des Cañon erbaut. Alle drei Tempel dieser Einheit wurden restauriert und bieten so dem Besucher eine gute Übersicht.

Abb. 6. Tempelgruppe Gedong Songo III. Noch liegt und wabert der morgendliche Nebel auf und über den Hängen des *Mount Unguran*, der nur sehr gemächlich nach oben steigt. Die Dreiergruppe besteht aus einem größeren Heiligtum und zwei kleineren, jedoch verschiedenen Beitempeln.
Foto: R. Weber (2019).

Neben dem größeren Tempel steht auf gleicher Linie und auf gleicher Höhe rechts ein kleinerer in fast gleicher Bauweise. Beide haben nach Westen ihren Eingang, der über einen kleinen Vorbau und über eine Treppe zu erreichen ist.

Der Tempelkörper des größeren dürfte ähnliche Ausmaße haben wie Tempel I und II, doch ist seine Basis nicht quadratisch, sondern rechteckig, auch wenn diese Veränderung kaum auffällt. Weitaus deutlicher treten jedoch die Nischen auf den Seitenwänden hervor. Der Eingangsbereich ist beidseitig der Westseite erscheint durch die größere Bauweise fast als Vorraum. Er wurde geschlossen belassen und der Eingang so zur inneren quadratischen *cella* verlängert, deren Größe beträgt etwa 1,7 m Seitenlänge. Der Eingangsbereich ist beidseitig der Türöffnung mit Nischen versehen ist, in denen jeweils eine Statue Raum hat. Der nördlich auf gleicher Höhe stehende kleinere Tempel steht auf einer rechteckigen Basis mit seitlicher Kehlung. Auch er öffnet sich nach Westen und ist über eine Treppe zu begehen. Eine weitere Besonderheit neben den Eingangsnischen, stellt je eine Nische in der Hohlkehle der Basisseiten Nord, Süd und Ost dar, was sonst bei Tem-

Abb. 7. Der größere Tempel der Gruppe III. Der Eingangsbereich der Westseite, mit dem deutlich vergrößerte Vorbau, ist sichtbar. Die darunter liegende Platt- form dürfte etwas höher sein als die bisherigen Tempeln I und II. Frühmorgens steigen die Nebelschwaden am Hang des Vulkans empor.
Foto: R. Weber (2019).

peln dieser Bauweise nicht zu sehen ist. Dafür verliert jedoch die Kehlung mehr an Tiefe, ihr Aufbau wirkt fast senkrecht. (Siehe Abb 6).

Der Tempelkörper ist quadratisch und kleiner als bei seinem größeren Nach- barn, er misst um die 3 m Seitenlänge und die der *cella* etwa 1,3 m. Alle Au- ßenwände des Tempelkörpers tragen Nischen und sind kunstvoll umrandet (siehe nachstehendes Foto, Abb. 11. Ganesha), der auf einem Lotusthron sitzt. Leider wurde sein Rüssel abgeschlagen.

Dem Haupttempel gegenüber steht ein kleines rechteckiges Gebäude, dessen Funktion es möglicherweise war, Utensilien für Zeremonien aufzubewahren.

Abb. 8. Kleiner Tempel der Gruppe III. Auch hier ist der Vorbau deutlich vergrößert. In seinem Inneren wurde jedoch nicht ein kleiner Vorraum geschaffen, sondern hat dafür auf beiden Seiten Nischen eingelassen, um zur Begrüßung Statuen einzustellen.
Foto: R. Weber (2019).

Abb. 9. Dritter Tempel der Gruppe Gedong Songo III.
Auffallend ist bei diesem Gebäude, dass zwar eine Plattform vorhanden ist, wie die Hohlkehle es deutlich macht, diese jedoch als Teil des Gebäudes eingegliedert wurde.
Foto: R. Weber (2018).

Nachforschungen ergaben, dass um das fensterlose Gebäude, das 3,3 m x 2,25 m misst, ein gepflasterter möglicherweise führte. *Krom* berichtet zudem von vier weiteren Gebäuden deren Reste erkennbar gewesen waren.

Abb. 10. Tempelgruppe Gedong Songo III von Osten. Der Blick geht hinüber zur anderen Flanke des *Cañon*. Bei beiden vorderen Tempeln sind die Nischen, bei dem kleineren auch die Nische der Basis sichtbar.
Foto: R. Weber (2019).

Abb. 11. Die Ostwand (Rückseite) des Haupttempels war mit einer Ganesha.
Foto: R. Weber (2019).

Der Weg führt die Besucher noch ein kleines Stück zu einer Anhöhe mit einer Ruhebank. Von hier aus geht der Blick weit hinüber über den *Cañon*. Fast alle Tempel und Tempelgruppen der anderen Seite sind zu sehen.

Der Abstieg zur Sohle der Schlucht ist recht steil. Am Morgen ist große Vorsicht geboten, da viele Steinplatten mit Moos begrünt und durch die Feuchtigkeit schlüpfrig sind.

Am Fuß des Steilhanges steht eine kleine Badeanstalt. Daneben, den Wasserlauf hochlaufend, steigt mit Zischen Dampf

Abb.12. Deutlich ist der Verlauf des Einschnittes zu sehen, der hier im oberen Bereich seitlich nicht so steil abfällt. Im Hintergrund ist der *Mount Unguran* mit einer Wolkenkappe sichtbar.
Foto: R. Weber 2019.

auf und der scharfe Schwefelgeruch beißt in der Nase. Das Warmwasser der vulkanischen Quelle wird ins Badehaus geführt und gegen ein kleines Entgelt ein heilsames Warmbad eingelassen.

Der Weg führt von hier aus an den Steilwänden der Schlucht vorbei und steil hinauf, vorbei an Kaffeestauden, die in dieser Höhe ausgezeichnet gedeihen.

Um die Tempelgruppe *Gedong Songo IV* zu erreichen führt der ansteigende Weg bis zu einer Abzweigung, von der aus es nach rechts abgeht. Er ist beschildert.

Nach etwa 100 Metern weiter aufsteigendem Fußweg, wird auf 1375 m NN die umfangreiche Anlage erreicht. Ein Bau wurde von den Restauratoren wiedererrichtet, diese Gruppe umfasst insgesamt 9 Heiligtümer, sie ist damit die umfangreichste Einzelgruppe. Der restaurierte Haupttempel wird links von vier kleineren Zweittempeln flankiert. Die Bauweise des Haupttempels ähnelt der des ersten Tempels von *Gedong Songo III*, sowohl die rechteckige Basis als auch der aufgesetzte Tempelkörper gleicht diesen in Größe und Aussehen. Auch der westliche Treppenaufgang mit seinem Portal mit der *cella* von etwa 1,7 m² ist kongruent, was auch für die Nischen gilt.

Die auf einer Linie stehenden kleineren Tempel haben unterschiedliche Maße, die zwischen 2,50 und etwas über 3,00 m liegen, sie sind rechteckig. Keiner ist renoviert, lediglich ihre Fundamente sind sichtbar und auf ihnen sind ihre Reste aufgesetzt, wie die Abbildung 13 verdeutlicht. Sie dürften, soweit das noch erkennbar ist, teilweise ohne Basis und mit einem Treppenzugang erbaut worden sein, möglicherweise mit einem nach außen angedeuteten Unterbau, wie das bei der Tempelgruppe für den unter Abb. 10 er-

Abb. 13. Teilansicht der Anlage Gedong Songo IV. Die Gesamtanlage steht auf einer Meereshöhe von 1375 m. Die kleineren vorgebauten Tempel haben recht unterschiedliche Grundmaße in ihrer Basis. Rechts sind in einem gewissen Abstand weitere Ruinen erkennbar. Sie gehören zu der Tempelgruppe VII, die mit dieser Bezeichnung offiziell nicht vermerkt ist, bisher wurden die Tempel zur Gruppe IV gezählt. Vier Bauten gehören zu dieser Einheit, die etwa 60 Meter nördlich von Gruppe IV liegen.

Foto: R. Weber (2019).

wähnten Tempel gilt. Der äußerst nördlich stehende Tempel ist mit mehr als 3 m x 2,80 m der größte dieser Reihe.

Nicht unerwähnt bleiben darf ein weiterer Tempel im Rücken des Haupttempels östlich von ihm mit kaum 3 m Seitenlänge und einer angedeuteten Basis.

Der Haupttempel war nach Westen offen (siehe Abb. 14). Ihm versetzt gegenüber, erhoben sich etwas größer bei gestellte Tempel. Die weiter weg gebauten größeren südlich gelegenen Tempel, haben eine Basis von 4.00 x 4,50 m (siehe Abb. 13 links liegende Reste zwei kleineren Tempeln) und einen östlichen Treppenaufgang. Damit stehen sich der Eingang des Haupttempels und die Eingänge der größeren Zweittempel gegenüber. Der Platz zwischen diesen Tempeln mit den sich gegenüberliegenden Fronten konnte bei Zeremonien besser einbezogen werden.

Diese Tempel waren in ihrer Bauweise dem Haupttempel ähnlich, ihre Seitenwände schmückten Nischen und die östliche Eingangsfront war mit einem kleinen Vorbau und einer Eingangstreppe erstellt. Erwähnenswert ist die Statue des Lehrers und Predigers *Agastya in* der südlichen Nische des Haupttempels (siehe Abb. 15).

Abb. 14. Haupttempel Gedong Songo IV.
Foto: R. Weber (2019).

Nur eine kurze Wegstrecke ist es vom Ausgang der Gruppe IV in Richtung Norden zu der Tempelgruppe Gedong Songo VII. Nur noch wenige Reste sind auszumachen, bei zwei Bauten sind Grundmauern erkennbar. Nach den ersten Aufzeichnungen von *Krom* soll die Gruppe vier Tempel in einer Reihe umfasst haben. Bisher wurden diese Tempel immer der Gruppe IV zugerechnet, die dann insgesamt aus 13 Gebäuden bestanden hätte (siehe Abb.17).

Setzt man den Weg von hier aus nach Richtung Osten fort, erreicht man nach wenigen Metern eine kleine Gruppe von zwei Tempeln, von denen einer restauriert wurde. Mittlerweile hat man auf dem Pfad der ein Hinweisschild aufgestellt mit dem Namen C(andi) *Perwara*. Diese Gruppe liegt auf 1376 m NN und trägt nun die Bezeichnung *Gedong Songo VI*.

Zwei kleinere Heiligtümer mit quadratischem Grundriss sind sichtbar, sie stehen in einer Linie, wobei der nördlich stehende erst vor kurzem renoviert und aufgestellt wurde. Leider wurde bei der Renovierung nicht sehr sorgfältig gearbeitet, wie dies das Foto zeigt.

Das intakte nördliche Heiligtum ist etwas kleiner, mit einer etwa 2,50 m langen Seitenlinie; der Eingang ist westlich. An den Seitenwänden gab es Nischen. Der südlich davon stehende Tempel, bei dem nur noch die Basis zu sehen ist, ist

Abb. 15. Statue des Agastya.
Foto: R. Weber 2019.

etwas größer, er öffnete sich ebenfalls nach Westen.

Erste Berichte sprechen von insgesamt vier Aufbauten, wie eine erste Bestandsaufnahme des Jahres 1919 ergab. Im Hintergrund der Abb. 16 ist links eine Struktur auf dem Boden erkennbar, die möglicherweise ebenfalls als Tempelstandort anzusehen ist. Die Reste sind seitlich aufgesetzt.

Von dieser Tempelgruppe führt der Weg zurück am Eingang der Gruppe IV vorbei und in Richtung Westen weiter bis zu *Gedong Songo V*, der alles überragend auf einer Höhe von 1380 m thront.

Nach einem steilen Anstieg zur geebneten Anlage der Gruppe V erreicht man einen größeren freien Platz, auf dem ein restaurierter Tempelbau steht

Abb. 16. Gruppe Gedong Songo VI. Ganz rechts auf diesem Foto ist noch die Ecke eines Fundamentes sichtbar, dahinter Bausteinreste, die vermutlich teilweise zu dem kleineren Tempel gehören.

Foto: R. Weber (2019).

und weitere Grundmauern erkennbar sind, auf die säuberlich Steinreste aufgesetzt wurden. Es ist der Haupttempel, der bei dieser nördlich

Abb. 20. Der Haupttempel steht in einer Reihe mit der nördlichen Gruppe. Sein westlicher Eingang ist hier nicht sichtbar, ihm gegenüber liegen Reste, die vermutlich zu dem vierten Schrein gehörten.

Foto: R. Weber 2019.

stehenden Gruppe restauriert wurde, während sich bei den kleineren 'Zweit-schreinen' auch hier nur die Unterbauten erhalten haben, auf die Teile des Körpers säuberlich aufgesetzt wurden.

Soweit erkennbar zählt die Anlage sechs Heiligtümer, die alle nach Westen geöffnet waren. Nach Süden standen etwas abseits zwei weitere Zweit-schreine, jedoch nicht in Reihe (siehe 2. Abbildung).

Der wieder erbaute Haupttempel steht in einer Reihe mit zwei Tempeln. Die Basis des nördlichen misst 4,55 x 4,0 m und der südlich 3,5 x 3,3 m (Maße nach De Groot, S. 320). Die rechteckige Basis des Haupttempels hat die

Abb. 21. Westseite des Haupttempel Gedong Songo V.
Foto: R. Weber 2019.

Maße 6,1 x 5,5 m und einen quadratischen Körper von 4,1m Seitenlänge, einen üblichen Vorbau beim westlichen Eingang und Nischen an den übrigen Außenwänden.

Die zwei weiteren nach Süden erstellten zwei Tempel stehen jedoch nicht in einer Reihe, sie etwas sind versetzt und fast quadratisch mit 3,7 m x 3,3 m [siehe ebenso De Groot, S. 320].

Von *Yogjakarta*, von *Surabaya*, von *Semarang* oder von Surakarta (Solo) gehen täglich mehrere Fernbusse nach der Stadt *Ambrawa*, die unmittelbar am *Mount Ungaran* liegt. Sie beherbergt nicht nur ein großes Eisenbahnmuseum mit einer bedeutenden Sammlung von Dampflokomotiven auch einer Reihe europäischer Hersteller. Sie wird auch gerne von Einheimischen ihres milden Klimas wegen besucht, denn durch die Höhenlage ist die tropische Hitze gut zu ertragen.

Von *Ambrawa* aus gehen *Bemos* (Kleinbusse) nach *Badangungan*, das als Nachtquartier genommen werden sollte, denn von hier aus kann man am frühen Morgen mit einem Mietauto (*Crab*, o.ä.) oder auch einem *Ojek* (Kleinkraftrad) schnell zu der Tempelanlage des Gedong Songo fahren.

Bitte nicht den Rücktransport vergessen und gleich mit organisieren, sonst bleibt einem nichts übrig als einen Fahrer aus dem Dorf zu fragen, der mindestens das Dreifache fordert. Beim Anmieten von Transportmöglichkeiten ist das Hotelpersonal ebenfalls gerne behilflich, denn meistens haben sie Gäste. Die Fahrt führt durch eine wunderbare Gartenlandschaft mit einer Fülle von Orchideen.

Den Rundgang sollte man wegen der vielen Unebenheiten des Belages und auch wegen Rutschgefahr nur mit gutem Wanderschuhwerk antreten. Trinkwasser und Sonnen-Regenschutz, eventuell ein kleines Handtuch für ein Warmbad, sollte das Bad geöffnet sein, sind zu empfehlen.

Für den gesamten Rundweg von etwa 3 km werden etwa 2 Stunden benötigt, längere Fotoaufenthalte und Rastzeiten sind dabei nicht eingerechnet. Der Abstieg am Ende der Wanderung von Tempel V zur Sohle des Cañon kann bei wenig geübten Wanderern bis an die Schmerzgrenze gehen.

Candi Kalasan - buddhistisch
Tempel der Göttin *Tara*, Schutzpatronin der Kauf-und Seeleute

Abb. 1. Ansicht des *Kalasan* von Nordosten, da dieser Aufbau noch sehr gut erhalten und restauriert ist, wie die Nischenreihe darüber, sowie ein Teil der Galerie mit den Stupas nach oben.

Foto: Inge und Fritz (Germany 2015).

Historische Skizze

Nach einer bedeutenden Inschrift des *Kalasan* Tempels in Sanskrit (*Prana-gari*) des Jahres 778 n.u.Z., die unweit des Heiligtums beim Bau der Eisen-bahn gefunden wurde, wird dessen Erbauung durch den religiösen Führer der *Śailendra* mit dem Namen *Guru Sang Raja Sailendravamcatilaka* vom

40

damaligen Herrscher *Pañcapaṇa Paṇaṃkaraṇa* der *Śailendra* gefordert. Von einem früheren Heiligtum waren noch Reste vorhanden.

Abb 1a. Zeichnung zur Rekonstruktion des Heiligtums. (Darstellung auf einer Info-Tafel am Eingang zum Tempelgrund).

Es gibt Hinweise, dass der vorhandene Bau des *Kalasan* ein Um- oder Er- weiterungsbau eines früheren Schreines war, möglicherweise ebenfalls aus dem frühen 8. Jahrhundert. Dazu bemerkt Rawson S. 240: *...Beim Kalasan Tempel erkennt man bestimmte Teile (u.a. Reliefs), die ältere Strukturen auf- zeigen und es bestehen Zweifel, ob der jetzige Kalasan Tempel nicht doch jünger ist als [der] Borobudur, vielleicht [aus der Zeit] 850-870* (Zitat über- setzt). Dabei sollte jedoch bedacht werden, dass der letzte *buddhistische*

Abb. 2. Darstellung über dem Eingang der nördlichen Seite mit einer *Buddha* Figur im Lotus- sitz in der Mitte mit unverkennbar weiblichen Attributen, vielleicht eine Hommage an die Göttin *Tara*, der der Tempel geweiht war. Auch verdichten sich gerade bei dieser *Buddha* Darstellung die Hinweise auf einen älteren Schrein, in dem diese Figur bereits einen Platz einnahm. Göt- tin *Tara* ist jeweils durch einen weiblichen *Dhyani* und männlichen *Boddhisattva* flankiert.
Foto: Inge und Fritz (Germany 2015).

Herrscher der *Śailendra* Zentraljava bereits um 850 n.u.Z. verlassen hatte, der Hinduismus eine neue Blüte erlebte und an einem Bau buddhistischer Heiligtümer kaum Interesse bestand.

Auch *Veronique Degroot* schließt sich diesem Einwand ebenfalls(S. 13) an und führt dazu aus: *...1940 wurden Teile des Tempels Kalasan durch niederländische Archäologen abgetragen, dabei entdeckten sie, dass der heutzutage sichtbare Schrein einen vermutlich darunterliegenden älteren überlagert. Weitere Nachforschungen legten einen Nachbau nach der ersten Konstruktion offen...* (Zitat übersetzt). Das bedeutet, dass die auffallend anders gearbeiteten Reliefs (siehe beispielsweise weiblicher *Buddha* über dem Eingang der Abb. 2 nächste Seite) bei dem jüngeren Bau wieder Verwendung fanden.

Architektur und Beschreibung

Der Tempel steht auf einer stufenartigen quadratischen Plattform, mit östlichem Eingang. Über eine Art Fundament von 36 x 36 Metern, auf der sich eine weitere Platte von 27 x 27 Metern erhebt, folgt der eigentliche Tempelunterbau mit den Maßen 20,5 x 20,5 Meter und einer Höhe von 3,5 Metern. Auf dieser letzten Plattform steht erst das zentrale Heiligtum mit dreifach gebrochenen Ecken (vgl. Grundriss) in einem Grundquadrat von 16,5 x 16,5 Metern.

Der ursprüngliche Tempelgrund war vermutlich erheblich umfangreicher als heute, da Unterkünfte (Klöster) für Mönche oder auch Pilger angeschlossen waren, wie die Untersuchungen des 19. Jahrhunderts ergaben. Das Innere des Schreines erreicht man, wie aus dem Grundriss zu ersehen, von Osten durch eine vorgelagerte quadratische *Cella* von 3,5 Metern. Durch die hintere westliche geöffnete Wand gelangt man über einige Stufen zu der inneren, ebenfalls quadratischen Platte der *Cella*, deren Bau möglicherweise zur Erhöhung des Gebäudes dienen sollte (Zahlenangaben nach Degroot, S. 218). Wie weiter zu erkennen ist, waren als eine Art Umwallung des Tempels 52 kleinere quadratische Schreine (Kammern?) aneinandergereiht, die 2,10 x 2,10 Meter maßen und deren Bedeutung nicht bekannt ist. Damit gehört der *Kalasan* zu den größeren Tempelanlagen, denn der Haupttempel ist mit entweder oder mehreren Reihen von kleineren Tempel (Schreinen oder Stupas) umgeben, wie dieses etwa beim *Loro Jonggrang* (=Prambanan) und den beiden *Plaosan* Komplexen und nicht zuletzt beim *Candi Sewu* zutrifft, wobei *Kalasan* eine einreihige Kammersetzung hat.

Der *Kalasan* wurde von der niederländischen Verwaltung restauriert. Der niederländische Archäologe 'Van Stein Callenfels' identifizierte die in einem Quadrat umlaufenden Räume als zweitrangige Schreine oder als *Stupas*. Die Haupttempel waren konzentrisch mit einer Umzäunung, einer Art 'Stupawall', umgeben, teilweise mehrreihig, wie aus den Grundrissen zu erkennen. Die Umwallung des *Kalasan* wurde in mit der um *Candi Sewu* verglichen, dort waren es zweifelsfrei Stupas. Eine weitere Nachgrabung im Jahr 1929 brachte dazu keine Klärung, es wurden lediglich sechs Tontöpfe gefunden (Degroot, S. 219).

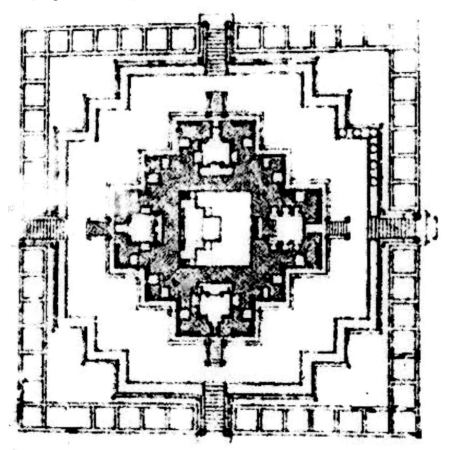

Abb. 3. Aushang des Grundrisses am Eingang. 1 cm = ~1,25m. Die Umrandung der aneinandergereihten kleinen Schreine war durch die Aufgänge zum Tempel durch Treppen unterbrochen. Die Pilger gelangten zum offenen Teil, den sie als *pradaksina*, als Prozessionsweg benutzten.
Foto: R. Weber (2016).

Weitere archäologische Artefakte kamen bei weiteren Nachgrabungen hervor, etwa zerbrochene Urnen, die Steinkästchen, eine Art Schmuckbehältnis, enthielten. Darinnen fanden sich Fragmente aus Asche, Textilreste und Metall, auch ein kleiner Spiegel und zwei beschriebene Goldplättchen. Diese Steinkästchen, *peripih* genannt, wurden in Indien Tempeln, Stupas und anderen Tempelhäusern etwa ab dem 7. Jahrhundert zum Schutz beigegeben. In einigen fanden sich Schriften, die Zaubersprüchen entsprachen, die zum Schutz des Hauses beigefügt wurden. (https://openaccess.leidenuniv.nl/handle/ 1887/4581).

Abb. 4. Auf dem Foto sind *Portiken* zu sehen, die an den Ecken des Tempels hervortreten. Ihre Nischen dienten der Aufnahme von Statuen der *Dhyani* oder auch *Boddhisattvas*. Die säulengetragenen Nischen sind nach oben mit und über dem Sturz spitz zulaufend und mit einer aufwendigen Ornamentik in der Mitte mit dem Gesicht eines *Kala* [*Kirtimukha*] ausgeschmückt.
Foto: Angkormann/ R. Weber.

Alle Nischen sind mit dem Gesicht des *Kala* im Nischensturz ausge-schmückt, wobei der südliche Eingang überdimensioniert hervorsticht (Abb. 5). Am östlichen, zerstörten Haupteingang waren diese seitlichen Vorbauten durch die Bauweise des Einganges zurückgesetzt. Als Überbau oder Dach trugen diese gebrochenen Ecken große Stupas.

Abb. 5. Das südliche Eingangsportal mit dem großen *Kala* über dem Eingang.
Foto: Inge und Fritz (Germany 2015).

Das Dach des Tempels ist stark beschädigt. In der Mitte war ein gewaltiger Stupa aufgesetzt, der heute kaum mehr erkennbar ist. Die um ihn umlaufenden, auf achteckigen Tellern aufsitzenden kleineren Stupas, waren in mehreren Reihen aufgesetzt, dabei nach oben größer werdend. Die Türöffnung der Ostseite trägt im Sturz einen Buddha im Lotussitz (Abb. 2), seitlich begleitet von Skulpturen, die möglicherweise *Bodhisattvas* darstellen.

Der Säulenvorbau Nord-Ost hat einen Stupa aufsitzen, der auf den unzerstörten Bau und die zuvor beschriebenen aufsitzenden Dachstupas hinweist, deren heruntergefallenen Elemente auf dem Tempelvorplatz aufgesetzt wurden. Die Vielzahl der Nischen war dazu ausersehen Statuen aufzunehmen. Glücklicherweise wurde die Statue eines *Buddha* gefunden, die wiedereingestellt wurde. *Buddha* ist im *Mudra*-Sitz zu erkennen, es ist eine Statue aus den obersten Nischen (Abb. 6).

Einige der Nischen der Außenwand sind filigran mit Ornamentik und Bilddarstellungen von höchster Feinheit und Kunstfertigkeit über dem *Kirtimukha* ausgearbeitet. Einige zeigen Personen, die aus ihrem Reichtum offensichtlich kein Geheimnis machen, andere halten ihre Arme und Hände hoch, als woll-

Abb. 6. Vergrößerung der eingestellten Statue eines *Buddha*
aus Abb. 9.

Foto: Inge und Fritz (Germany 2015).

ten sie den über ihnen aus dem Stein geschlagenen Tempel tragen. Ein
Sinnbild? Die historischen Inschriften berichten von dem Bau des *Candi* Kalasan, der auf Drängen eines hochangesehenen *Gurus* erbaut wurde, getragen vielleicht von der *Shailandra* Dynastie, was jedoch nicht als sicher gilt.
Eine finanzielle Unterstützung für den Bau durch Seefahrer und Kaufleute
wäre durchaus denkbar, da Göttin *Tara* ihre Schutzpatronin war.
Vielleicht sollten die Spender erkennbar sein und wurden so von den Stein-
metzen auf ihre Art geehrt und belohnt.
Wie architektonisch meisterlich sich *Candi Kalasan* nach seinem Umbau
zeigte, mögen einige Detailansichten verdeutlichen. Allein die bereits vorge-
stellten Ornamentik über den *Portiken* sind von hoher Qualität.
Die ganze Harmonie der Architektur dieses Heiligtums wird dem Betrachter
erst durch den nach oben strebenden Aufbau des Dachsystems deutlich.
Auch wenn große Teile wohl für immer nicht mehr restauriert werden können, vermittelt der Teil des Wiederaufbaues doch die Großartigkeit des
Komplexes. Aus einer Vielzahl von größeren und kleineren Stupas, die sich

Abb. 7. Nische mit prachtvollem Sturzüberbau als Miniatur des Tempels. Zu erkennen sind die kleinen umlaufenden Schreine, die vielleicht ebenfalls von den Mitgliedern dieser Kauf- und Seehandelsleute gestiftet wurden.
Foto: Inge und Fritz (Germany 2015).

bei den einzelnen Aufbaustufen abwechseln, ergibt sich eine gewisse Leichtigkeit des Daches und malt so ein aufgegliedertes Bild. Über den Eckportiken wurden größere Stupas aufgestellt, die bis zur nächsten Ecke mit kleineren Stupas ausgefüllt wurden. Mehrfach hintereinander und treppenartig gesetzte Stupas ergaben eine Ansicht aus allen Blickwinkeln, die ein harmonisches Ganzes ergab.

Zwischen dem unteren Tempelkorpus und den Aufbauten haben die Architekten eine rundumlaufende Höhlung belassen, die durch Vorsprünge noch vertieft wurde. In diese Ni-

Abb. 8. Vergrößerung aus Abb. 7. Ein mit Gold-und Juwelen geschmückter Kaufmann stützt und trägt den Tempel Kalasan.

Foto: Inge und Fritz (Germany 2017)

Abb. 9. Ausschnitt aus einer Seite der Dachkonstruktion. In der mittleren etwas größeren Nische ist ein sitzender Buddha zu sehen. Auf diesem unteren Teil der Dachkonstruktion lief eine Reihe von Stupas rund um den ganzen Tempel bevor die zweite Stufe des Daches begann, die als oberstes dann einen großen Stupa in der Mitte trug.

Foto: Inge und Fritz. (Germany 2015).

48

sche haben sie kleine Figuren durch die Steinmetze einschlagen lassen, und zwar in der Form von einer schweren Last tragenden Menschen, die den Tempelaufbau ewig auf ihren Schultern tragen. (Abb. 10).

Abb.10. Zwischen dem Tempelkörper und dem Dachaufbau haben die Architekten bewusst eine umlaufende Nische oder Höhlung gelassen, mit Figuren, die den Aufbau "tragen".
Foto: Inge und Fritz (Germany 2015).

Abb. 11. Ein *Makara* am *Kalasan* Tempel, der als Regenauslauf dient, gleichzeitig aber das Wasser heiligt, das zu *amrta* wird. Hinter dem Kopf erkennt man durch eine Öffnung die Verbindung zu dem Regenfallrohr.
Foto: R. Weber (2016).

Anreise zu den Tempeln Kalasan und Sari

Von Yogjakarta aus ist die Tempelgruppe *Kalasan-Sari* gut mit den Stadtbus-
linien zu erreichen. In Yogjakarta steigt man an jeder beliebigen Haltestelle
zu, löst den Fahrschein und bittet den Schaffner die Umsteige-Haltestelle
anzuzeigen.
So erreicht man schließlich den Bus, der bis zur Endstation Prambanan
fährt. Von hier aus geht man etwa 200 m in Fahrtrichtung und wird auf der
rechten Seite schon bald den *Kalasan*-Schrein sehen.
Nach dem Besuch dieses Tempels geht es die Hauptstraße weiter in Richtung Prambanan. Nach dem Eingang des Kalasan wendet man sich etwa
150 Meter nach rechts. Dort steht ein kleines Hinweisschild "Sari", dem folgt
man ca.150 m und kommt zum Eingang dieser Anlage.

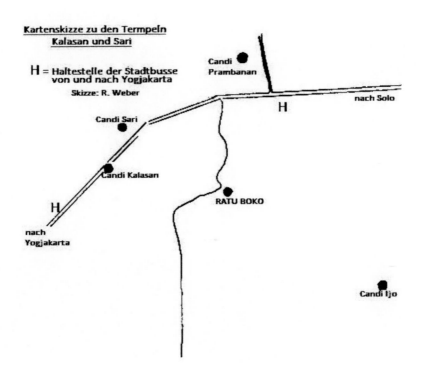

Candi Sari - buddhistisch

Historische Skizze

Sari wurde unweit des *Kalasan* nur wenige hundert Meter nordöstlich gebaut. Er darf als eine Ergänzung zum *Kalasan* betrachtet werden, seine Bauzeit dürfte nach *Kalasan* gegen Ende des 8. Jahrhundert liegen. Andere Autoren vermuten eine noch spätere Erstellung erst zur Mitte des 9. Jahrhundert. Für das 8. Jahrhundert käme die *Shailendra*-Dynastie als Erbauer in Frage, schon weil es ein buddhistisches Heiligtum ist. Einiges deutet darauf hin, dass der Tempel als *vihara*, als ein Kloster für buddhistische Mönche, gedacht war. Der Name *Sari* ist alt javanisch (sundanesisch) und bedeutet "zum Schlafen".

Architektur und Beschreibung

Der Tempel (Hausschrein) steht wie *Kalasan* auf einem sehr hohen massiven Sockel, viele Steine davon sind heute nicht mehr vorhanden. Die äuße-

Abb. 1. Gesamtansicht mit Ausgang nach Osten. Die Nordseite ist sehr gut erhalten, siehe Abb. 6.u.7.
Foto: Angkormann/R. Weber (2014).

ren Reliefs an den Wänden der Nordseite sind frisch, nicht so die der Ostseite, durch deren Eingang man eine dreigeteilte Zelle erreicht. Der Sockel hatte eine Länge von 20 m und ist 14 m breit. Darauf ist der eigentliche Tempel mit den Maßen von 18 x 10,70 m gesetzt, samt Dach. Wie die Mauerung um die nach Osten gerichtete Eingangstür zeigt, war ursprünglich ein großes Eingangsportal vorgesetzt, dessen Ausmaße aber nicht mehr bekannt sind. Die Nischen waren wie immer zur Aufnahme buddhistischer Figuren aus dem Kreis der zu Verehrenden angelegt. An jeder Fensterseite befanden sich ebenfalls Figuren. Die Ost- und Westseite haben drei doppelreihig angeordnete Fenster, eines fehlt jedoch über dem Eingang. Die Seitenmauern haben jeweils zwei Fenster in Doppelreihe. Auf der Westseite sind die Fens-

Abb. 2. Querschnitt durch das Gebäude (Plan als Aushang), dessen dicke Mauern hier besonders deutlich werden. Ohne die gewaltigen Grundmauern wäre diese massive Dachkonstruktion auch nicht zu tragen. Gut zu erkennen ist auch das gezackte umlaufende Sims im Innern, um die Holzbalken einer Decke aufnehmen zu können.

ter von innen vermauert.

Durch den Eingang und einen Korridor schritt man in die mittlere *Cella*, an deren Seitenwände je eine Nische für Statuen eingemauert ist. Die drei Kammern haben die Ausmaße 3,50 m N-S x 5,80 m O-W, von der mittleren Kammer erreichte man dann je eine *Cella* südlich und nördlich durch eine offene Tür. Beide äußeren Räume haben je eine Nische in ihren zugehörigen Außenwänden. Je zwei Fenster erhellen die Räume, die durch die Aufteilungen durch Fenster und Nischen angenehm wirken. Auch hier wird deutlich, dass der Bau den Tempeln in *Plaosan Kidul ähnlich* ist. In *Sari* sind je-

Abb. 3. Durchgang zwischen den Räumen, die Wucht des massiven Mauerwerkes wird deutlich.
Foto: Inge und Fritz (Germany 2015).

doch keine Statuen mehr in den Kammern, lediglich Podeste als Aufsatz für Statuen, die vermutlich teilweise aus Bronze waren und wegen des Metallwertes eingeschmolzen wurden.

Die Aufteilung des Tempels im Innern des Erdgeschosses könnte man mit Gebets- oder Meditationsräumen vergleichen, wie das auch aus anderen buddhistischen Klöstern bekannt ist. In den beiden Nebenräumen haben sich Mönche alleine oder in Gruppen zum Gebet oder zur Meditation zurückgezogen. Heute sind buddhistische Tempel beispielsweise in Nepal ganz ähnlich aufgebaut. Dementsprechend ist auch die Balkendecke zu sehen. Man verfügte damit im Erdgeschoss über einen größeren mehr oder weniger öffentlichen Raum oder eine Halle, darüber wohnten, durch eine Decke abgetrennt, die Mönche. Kragen oder Simse sind dazu eingebaut, wie auf dem Schnitt ersichtlich, mit Aussparungen zur Aufnahme der Balken. So auch im *Plaosan Tempel*, wie dies deutlich in dem obigen geöffnet dargestellten Haus zu erkennen ist. Das obere Stockwerk war auch durch einen Aufgang im südlichen Raum zu erreichen. Diese Einteilung des Tempels Sari macht ihn möglicherweise zu einem *vihāra*, einem Art Wohnhaus für die Mönche.

Das Dach - siehe Abb. 4 - ist mit umlaufenden Stupas besetzt, darunter, auf den Mauern aufsitzend, große und kleine sich abwechselnde Nischen; die größeren Nischen haben im Sturz das geschmückte *Kala*-Antlitz mit zwei *Makara*-Köpfen an den Seiten, den kleineren Nischensturz tragen zwei menschliche Figuren. Prachtvoll ausgearbeitete Fensteröffnungen sind beidseitig mit Wächterfiguren in säulengetragenen Nischen mit ausgeschmücktem

Abb. 4. Teilansicht des Dachaufbaues. Unter den Stupas, die in Reihe das Dach nach außen abschlossen und verzierten, dienten tiefe Nischen zur Aufnahme von sitzenden *Buddha*-Statuen. Sie sind Höhlen in Felslandschaften nachempfunden, denn nach buddhistischer Auffassung meditierte *Buddha* in Höhlen, nur da empfing ihn Stille und Einsamkeit. Über den 'Höhlen' sind *Kalas* zu seinem Schutz angebracht.

Foto: R. Weber (2014).

Abb. 5. Nischen zur Aufnahme von sitzenden *Buddhastatuen* an der Dachkonstruktion.

Foto: Inge und Fritz (Germany 2015).

Abb. 6. und 7. der Nordseite des *Sari*-Tempels, die noch recht gut erhalten ist. Die vier Fensteröffnungen sind mit *Kinneras* geschmückt, den mythischen Wesen, die halb als Mensch, halb Vogel dargestellt werden. In den folgenden Nischen stehen buddhistische Gottheiten, die Göttin *Tara* ist mit Blumen zu sehen, *Bodhisattvas* spielen Musikinstrumente. Insgesamt sind je acht Statuen an der Nord-, Süd- und Ostwand und nochmals 12 Statuen an der Westseite aufgestellt. Unten die Vergrößerung des unteren rechten Fensters mit Göttinnen und *Kinneras*.

Foto: Angkormann/ R. Weber (2014).

Abb. 8. Göttin *Tara* oder ein Bodhisattva an der westlichen Außenwand.
Foto: Inge und Fritz (Germany 2015).

Sturz besetzt. Dazwischen findet sich das ebenfalls in eine säulengetragene Nische eingelassene Fenster, dessen Sturz wiederum mit Ornamenten und zwei *Naga*köpfen ausgeschmückt ist.

Durch diese Ansicht wird die Tiefe der Nische, bzw. der Höhle deutlich. Die Aussparung im Sturz diente der Aufnahme des Kopfes. Beidseitig waren *Makaras* angebracht, die als Wasserauslauf dienten, sie sammelten den Dachüberlauf.

Abb. 9. *Bodhisattva* mit einer geöffneten Lotosblüte, untere Fensterreihe der Nordseite.
Foto: Inge und Fritz (Germany 2015).

Die vier Außenwände sind reich mit vielen Figuren und buddhistischen Gottheiten, aber auch mit mythischen Wesen, wie etwa *Kinneras*, geschmückt. Meist haben die Baumeister direkt neben den senkrechten Fensterstürzen jeweils links und recht davon *Kinneras* angebracht, dann weiter nach außen in seitlich säulengerahmten Nischen Göttinnen oder Götter, auch *Bodhisattvas* eingestellt.

So ist die Göttin *Tara* des *Kalasan* Tempels an der Nordwand unten rechts noch sehr gut erhalten, vermutlich wurde sie hier zweimal ausgemeißelt (siehe Foto). Die Götter tragen meist Blumen (Lotus), während die *Bodhisattvas* Musikinstrumente zieren. Insgesamt wurden 36 Statuen an den vier Wänden in besonders anmutigen Positionen erstellt, die *tribhanga* als bezeichnet werden. Sie halten eigentlich farbige Lotus, jedoch sind die Farben nicht mehr zu erkennen. Sie sollen auch einen heiteren Gesichtsausdruck zeigen, was die Statuen nur wegen der Verwitterung noch erahnen lassen.

An der hinteren Außenwand, befindet sich eine Statue, die mit sicherlich die Göttin Tara darstellt. Sie war die verehrte Göttin des Kalasantempels und dürfte auch hier am Sari Tempel verehrt worden sein.

Die noch gut erhaltenen Abschnitte und Teile stellten eine hervorragende künstlerische Arbeit dar, die sich unter anderem auch in dem sanft lächelnden Gesicht der Göttin zeigt (Abb. 8). Sie hat eine Krone aus winzigen Stupas auf, möglicherweise sind es aber auch bekrönte Nagaköpfchen, wie das aufgerissene Maul zeigt. Über ihrer linken Schulter und Armseite liegt ein nicht deutlicher Gegenstand. Er sieht aus wie ein Armschutz mit einer Hand und reicht bis zu ihrer Hüfte. Eine zweifingrige Hand umfasst dort einen zylindrischen Gegenstand, daran hängt nach unten ein weiteres Metallstück, das unbekannt ist. Ihr Arm und ihre Hand sind teilweise davon bedeckt, nur die leicht angewinkelte Ellbogenregion schaut hervor. Die Göttin ist nur leicht bekleidet, ihr Nabel ist sichtbar und handbreit über diesem ist ein Band um die obere Hüfte gebunden. Um die Hüfte selbst ist ein noch vorn offener Umhang gelegt, dessen Falten links und rechts der Beine in einem gewissen Abstand herunterfallen. Um Hüfte und Oberschenkel ist ein Tuch, eine Art Schal gewunden. Von der linken Hüfte zum Oberschenkel hängt ein Schmuck, der an einem Gürtel befestigt ist. Hier trifft an der zweifingrigen Hand der Schmuck mit dem zylindrischen Gegenstand zusammen.

Der recht Arm ist stark angewinkelt, die Hand berührt leicht einen Weihrauchbrenner, der erhöht auf einem vermutlich hölzernen Stock mit dickerem Standfuß steht.

In der Nordwand stehen weitere Einzelstatuen, die Beachtung verdienen. In der unteren Fensterreihe ganz rechts ist die Statue eines *Bodhisattvas* aufgestellt, der eine leicht göffnete Lotusblüte am Stengel in der Hand hält. Auch hier ist die feine künstlerische Arbeit hervorzuheben (Abb. 9).

Archäologische Spuren und Hinweise

Testgrabungen im Jahr 1929 zeigten auf eine mögliche Ummauerung des Tempels hin. Ebenso wurde das Fragment einer Kalksteinbüste nahe beim Tempel gefunden, die jedoch nicht von diesem sein konnte, sie stand vermutlich ursprünglich im nahen Kalasan Tempel. Weiter entdeckte man sieben Terrakottatöpfe nördlich des Tempels, etwa $\frac{1}{4}$ m unter dem Originalgrund des Hofraumes. In zwei von ihnen fand man Reste aus Eisen. Da man diese Töpfe nicht in einem Steinkästchen oder einem Stupa gefunden hat, ist die Bestimmung schwierig, ob es Urnen waren oder lediglich Gebrauchsware (*De Groot*, S. 217).

Bei ersten Untersuchungen an dem Bauwerk fand man an den Mauern Reste eines Verputzes in weißgelblicher Farbe. Die gleiche Substanz hatte man schon am *Kalasan* entdeckt und es wurde daraus geschlossen, dass die Außenmauer, zumindest Teile davon, zum Schutz mit diesem Putz versehen waren.

Zur Anreise siehe vorigen Anhang zum *Kalasan*!

Candi Ngawen - buddhistisch

Anreise zum Candi Ngawen

Von *Yogjakarta* aus gehen täglich mehrere Busse direkt zum Borobudur. Bis zur Stadt *Muntilan* wird man mit dem Bus fahren und vom Terminal *Muntilan* sich ein *Bemo* oder Taxi (*Ojek*) mieten, um zum etwa 2 bis 3 km entfernten *Ngawen* zu gelangen. Bitte den Rück- oder Weitertransport gleich mit organisieren, denn an der Tempelgruppe wird das nach dem Besuch nicht möglich sein.

Vom *Ngawen* kann eine Weiterfahrt zu *Mendut* und *Borobudur* gebucht werden, auch *Pawon* eingeschlossen. Für eine Besichtigung der kleineren Schreine und Tempel dürfte der Vormittag ausreichen, so dass der Nachmittag dem *Borobudur* vorbehalten bleibt.

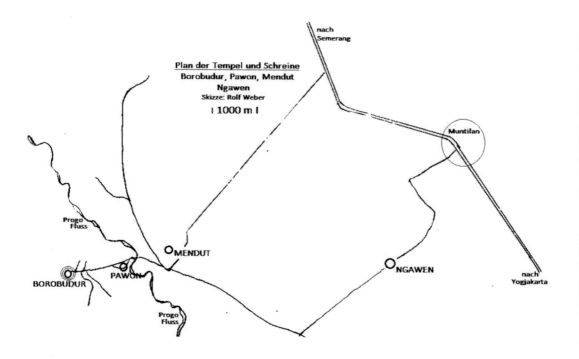

Historische Skizze

Das Tempelareal der *Ngawen* Gruppe besteht aus fünf Tempeln. Nach den architektonischen Details und dem gesamten Baustil, auch den Steinmetz-arbeiten und Symbolen, war die Anlage ursprünglich vermutlich als Hindu-Tempel gebaut, dann aber durch die *Shailendra* Dynastie zu einem buddhis-tischen Heiligtum restauriert und erweitert worden, wodurch der Tempel als 'älterer Borobudur' gilt. Untersuchungen des Baustiles des Tempels hinsicht-

Abb. 1. Einzig restaurierter Tempel der *Ngawen* Gruppe. Vorderansicht von Osten.
Foto: Inge und Fritz (Germany 2015).

lich der Symbole und Verzierungen ergaben, dass dieser Tempel bereits im späten 8. Jahrhundert gebaut wurde. Der Name 'Ngawen' geht zurück auf das altjavanische Wort 'awi', was 'Bambus' bedeutet, was aus einer Inschrift des Jahres 824 n.u.Z. bekannt ist, die aussagt, König *Indra* aus der *Shailendra Dynastie* hätte ein Heiligtum mit dem Namen 'Venuvanan' errichtet, was somit 'Bambus-Wald' bedeutet. Somit wird ein Zusammenhang zwischen den etymologischen Wurzeln und dem Tempelnamen angenommen. Allerdings wird dieser Name auch bei Deutungen der Gründungszeit des *Candi Mendut* erwähnt.

Andere Auslegungen dieser Inschrift gehen einen Schritt weiter und argumentieren, dass diese Inschrift allein auf den *Ngawen* Tempel verweist. Der Beweis würde in den altjavanischen Sprachwurzeln des Wortes 'awi' = Bambus liegen, ähnlich dem Ursprung des Wortes 'Venuvana' und Dorf 'Ngawen'.

Die jetzige Basis der Tempel wurde möglicherweise durch einen *Merapi*-Ausbruch vor etwa eintausend Jahren etwa 2 Meter verschüttet. Leider wurden in jüngster Zeit zwei Statuen gestohlen.

Örtlichkeit

Die Tempel liegen westlich der Kleinstadt *Muntilan*, im sogenannten Mittelland auf einer Höhe von rund 300 m über NN (siehe Kartenskizze). Ein Tempel (II) wurde restauriert. Die Tempelgruppe liegt nicht auf der imaginären Linie Borobudur – Merapi Vulkan.

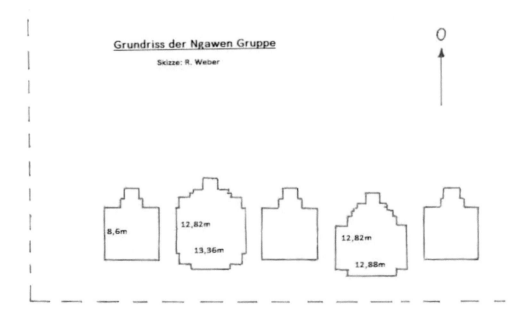

Grundriss der Ngawen Gruppe

Skizze: R. Weber

Architektur

Abb. 2. Einer der brüllenden Ecklöwen der Tempelplattform in menschlicher Position.
Foto: Inge und Fritz (Germany 2015).

Die Gruppe bestand aus 5 Bauwerken, zwei größeren Haupttempeln und drei kleineren Nebentempeln (*Perwana*), alle mit östlichem Eingang und in einer Nord-Süd Linie stehend. Links (Nordseite) ist eine Plattform des kleinen Nebentempel Nr. I errichtet, der 8,6 m im Quadrat misst. Seine Cella stand wie bei allen Tempeln auf dieser Plattform, um die ein Geländer verlief und auch um die von Osten aufstrebende Treppe in einem winzigen Vorbau aufzunehmen.

Nach Süden folgt, mit 4 m Zwischenraum zwischen allen Gebäuden, der größte Haupttempel Nr. II mit den Maßen 13,36 m x 12,82 m, mit einer nicht ganz quadratischen Cella auf einer Plattform und einem östlichen Vorbau. In einem gewissen Abstand vor der Cella findet sich das Eingangstor (*gopuram*), dessen Sturz mit einem *Kalaantlitz* (*Kirtimukhas*) mit Ornamenten und Voluten geschmückt ist. Auch über dem Cellaeingang thront ein *Kala*.

Im Abstand von 4 Metern nach Süden fortlaufend steht in der Mitte der Reihe schließlich *Perwana* III, wobei sich dazwischen der zweite größere Hauptschrein IV befindet. Dieser hat eine etwas kleinere Cella hat als Schrein II. Beide Hauptschreine ragen über die hintere westliche Baulinie der Nebenschreine hinaus. Haupttempel II verläuft auch nicht nach der östlichen Nord-Süd Linienführung (siehe Lageplan).

Abb. 3. Die geöffnete Handfläche zeigt *Buddha* im *Vardana-Mudra-Sitz*, die Geste
der Wunschgewährung. Wäre die rechte äußere Hand etwas weiter über das Knie
gelegt, dann wäre es die Handhaltung der Erdberührung.
Foto: Inge und Fritz (Germany 2015).

An den Eingängen und Seitenmauern – beim restaurierten Tempel II sichtbar
– waren Nischen zur Aufnahme von Figuren eingelassen, ebenfalls in Tempel II mittig ein sitzender aber kopfloser *Buddha* (Abb. 3).
Die Tempelgruppe war den fünf *Dyani Buddhas* geweiht, den Hütern oder
Hüterinnen der Richtungen [Himmelsrichtungen]. Die *Kirtimukhas* sind mit
einer Blütenschnecke ausgeschmückt, *Kirtimukhas* finden sich auch über
dem *Gopuram* (Eingangstor) des restaurierten Tempels in der Gruppe *Nga-*

Abb. 4. Eine Flehende bittet einen *Bodhisattvas*
ihr Wege der Erleuchtung zu zeigen.
Foto: Inge und Fritz (Germany 2015).

wen. Über den beiden Antlitzen der *Kirtimukhas* ist der Kopf eines *Bodhisattvas* oder *Buddha* zu erkennen.

An den vier Ecken der beiden Haupttempel stehen brüllende Löwen (Abb. 2), die die buddhistische Lehre durch ihr lautes Gebrüll symbolisch proklamieren und verbreiten sollen. An keinem anderen Tempel in Java gibt es solche Löwenfiguren, die eine menschliche Nase tragen. Das Gesicht des Löwen erinnert an einen *Makara*, obwohl sie mythisch absolut nichts mit dieser Figur zu tun haben.

Abb. 5. *Kinneras* – Vogelmenschen. Foto: R. Weber (2017).

An einer Wand, etwas neben dem Eingang rechts des restaurierten Tempels, sind *Kinneras* – halb Mensch, halb Vogel – als zartes, kaum aus dem Stein geschlagenes Relief sichtbar (Abb. 5), dessen Bedeutung an diesem Platz Rätsel aufgibt. Vielleicht wurden sie nur zum Schmuck angebracht.

Abb. 6. Himmlische Wesen über den Wolken, teils Lotus in den Händen haltend.
Foto: R. Weber (2017).

Candi Pawon - buddhistisch

Örtlichkeit und Geschichte

Candi Pawon wurde zwischen *Borobudur* und *Mendut* erbaut. Vom *Borobudur* ist er etwas mehr als einen Kilometer in nordöstlicher Richtung entfernt und liegt auf einer gedachten Linie

Abb. 1. Der renovierte *Candi Pawon*.
Foto: Angkormann/R. Weber (2014).

zwischen *Borobudur*, *Pawon*, *Mendut* und der Spitze der Vulkans *Merapi*. Diese imaginäre Linie zwischen den aufgezählten Punkten würde diese zusammenbinden, sie ist jedoch in der buddhistischen *pradakshina*, den Anweisungen zu den Prozessionen, nicht bekannt.

Der Name des Tempels ist nicht klar, rein sprachlich begründet bedeutet das Wort im Altjavanischen 'Küche' und leitet sich von der Wurzel 'awu' her, was 'Asche' heißt, da in den Küchen die Kochstellen als Aschkauen eingebaut waren. Eine weiterführende Erklärung ist, daß der Tempel eine Art Totenschrein zur Aufbewahrung der Asche hoher, vielleicht königlicher Verstorbener war. Aber darüber ist nichts bekannt, auch nichts entdeckt worden und bleibt somit im Dunkel.

Der kleine Tempel wurde in der Zeit der Shailendra Dynastie gebaut, aber vor dem Borobudur gegen Ende des 8. Jahrhunderts fertiggestellt.

Architektur und Beschreibung

Der Pawon gilt als ein Edelstein in der javanischen Tempelarchitektur, Am wahrscheinlichsten ist die Annahme, dass er ei-

Abb 2. *Bodhisattva* auf der Nordseite. Foto: Angkormann/R. Weber (2014).

ner geistig-seelischen Reinigung, der Reinheit des Herzens und Güte diente, bevor man seine *pradakshina* am Borobudur begann. Die buddhistischen Pilger konnten ihre Pilgerreise nicht an

Abb. 3. Figur rechts auf dem Türsturz des Einganges. Der Mann trägt einen Geldsack auf der Schulter, hinter ihm stehen weitere gefüllte Säcke, ein Hinweis auf die Kaufmannschaft, die dem Gott *Kuvera* ihre Aufwartung macht.
Foto: Inge und Fritz (Germany 2015).

Abb. 4. Südseite des Tempels mit dem großen Relief als Zeichen des Reichtums, das in der Mitte mit dem gold- und juwelenbehangenen Baum unter ihm Geldsäcke, von ihm herunterhängenden Goldketten, über ihm mythischen Gestalten der *Kinneras* und himmlische Helfer und Goldketten und Juwelen an dem Baum. Jeweils auf beiden Seiten weibliche Gottheiten oder *Boddhisattvas* um die gesamte Wand harmonisch abzurunden.
Foto: Inge und Fritz (Germany 2015).

Abb. 5. Vergrößerung der mittleren Wand. *Kalpataru* = der göttliche Lebensbaum, bewacht von den göttlichen *Kinnera* und *Kinneri*, oben schwebende *Apsaras* oder Götter.
Foto: Angkormann/ R. Weber (2014).

einem Tag beginnen und vollenden, da die Entfernungen zu groß waren. So war es durchaus üblich Ruhezeiten einzulegen, um die *pradakshina* danach fortzusetzen. Das macht deutlich, dass der *Pawon* hierbei eine bedeutende Rolle spielte und weniger als Grabanlage für bedeutende Persönlichkeiten.

Der kleine einzellige, quadratische Bau (*Cella*) von 5,5 x 5,5 m steht mittig auf einer etwa 1,5 m hohen größeren Plattform von 9,40 x 9,30 m, mit einem westlichen Treppenaufgang zu dem Eingang in die *Cella* mit kleinem Türvorbau.

Bei Prozessionen [*pradakshina*] wird die *Cella* umwandelt, der Unterbau steht dazu weit genug über, um den Gläubigen Platz zu bieten. Die Wände sind sehr reich mit Reliefs geschmückt, Statuen in säulenförmige, streng indische Rahmen eingestellt. Das große Relief in der Mitte zeigt große juwelentragende Bäume, die mit Gold und Edelsteinen geschmückt sind, dazu Geldtöpfe mit bärtigen Zwergen und über den Eingängen ganze Ströme von Juwelen, die aus Beuteln fließen. Darüber ein schönes mit Stupas besetztes Dach.

Warum gerade hier ein Tempel zu Ehren und zeremoniellen Feiern des Gottes *Kuvera* errichtet wurde, der seinen Verehrern und Pilgern Reichtum Geld und Gold bringen soll, ist unverständlich. Eine mögliche Erklärung wäre, daß die reichen Kaufleute sich nicht genug im *Borobudur* berücksich-

Abb. 6. Eine unbekannte, elegante *Bodhisattva* links der Darstellung Abbildung 4. Mit ihrer rechten Hand umfasst sie den Stengel einer langstieligen Blume - Lotus (?), links hält sie eine geschlossene Lotusblüte hoch.
Foto: R. Weber (2017).

tigt fanden. Einige Autoren schließen sich dieser Hypothese an, denn Reichtum und wirtschaftlicher Erfolg der Händler, insbesondere der seefahrenden Händler, spielten eine große Rolle bei der Ausbreitung des *Buddhismus*. Man sagte oft, der *Buddhismus* wäre die Religion der Händler. Doch wird damit die Frage zur Nähe zum großen Schrein nicht beantwortet. Ob die Händler ihn deshalb hier errichtet haben, um sich gegen den *Borobudur* stark zu machen, also eine Art "Gegen-Tempel" errichteten, bleibt Spekulation. Wollte man, weil man sich im *Borobudur* nicht berücksichtigt fand, den weltlichen Interessen der Gläubigen und Pilger gerecht werden? Oder wollte man damit trotz der Spenden für den Bau des *Borobudur* sich in Erinnerung bringen und wachrütteln, weil das weltliche Leben und Dasein keine oder nur ungenügend Berücksichtigung fand? Fragen über Fragen, jedoch alle bleiben sie ohne Beantwortung.

Archäologische Spuren

Ungefähr 10,5 m vom Tempel entfernt, wurde auf allen vier Seiten Reste einer Umfriedung gefunden. Die letzte Schicht wurde mit Backsteinen auf Flussstein gelegt.
Bei einer weiteren Grabung wurden in etwa 13 m östlich des Heiligtums Reste von einer Backsteinmauer gefunden, die annähernd parallel zum Tempel in Nord-Süd-Richtung verlief.

Anreise zum Pawon

Pawon liegt etwa mittig zwischen Borobudur und Mendut auf der imaginären west-östlichen Achse Borobudur-Merapi Vulkan, man benötigt vom Borobudur etwa 15 bis 20 Minuten Fußweg nordöstlich in Richtung Candi Mendut.
Siehe Skizze bei *"Candi Ngawen"*.

Chandi Sewu - buddhistisch

Örtlichkeit

Abb. 1. Rechts erhebt sich der Tempelkörper. Gut sind angehängte oder bei gestellte Vorbauten zu erkennen, alle tragen als Dachkonstruktion einen *Stupa*. Links wurde ein einzelner größerer Schrein auf dem Hof restauriert. Gut sichtbar sind umherliegende Trümmer, die durch Erdbeben sich anhäuften.
Foto: R. Weber (2017).

Der Tempel mit vielen kleinen Nebenschreinen steht innerhalb der heutigen Umzäunung des *Prambanan* (*Loro Jonggrang*) und ist von diesem etwa 1 km in nördliche Richtung entfernt. Vom *Prambanan* führen zwei Straßen in die nördliche Richtung (gepunktet auf der Kartenskizze), die rechte Straße führt zum Eingang des *Sewu* Tempels, der sich von dieser Straße aus sehr eindrucksvoll vorstellt und von zwei *raksasas,* kolossalen Wächterfiguren, beschützt wird, die andere erreicht die Südecke der Tempelumwallung, der man bis zum Eingang folgen muss.

Einen halben Kilometer östlich des *Opak* Flusses in der fruchtbaren Ebenen, in dem auch weiter nach Osten die Tempelanlage des *Plaosan* zeitlich wenig später erstellt wurde, erbauten vermutlich die *Sailendras* den Haupttempel, der *Bodhisattva Mañjuśrī* geweiht war und sich *Mañjuśrī grha* = Haus des *Mañjuśrī* nannte.

Kartenskizze zu den Tempeln Sewu, Plaosan Lor und Plaosan Kidul

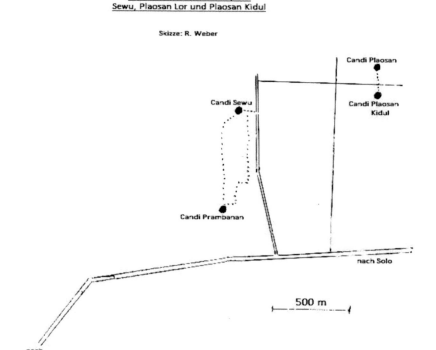

Kartenskizze zu den Tempeln
Sewu, Plaosan Lor und Plaosan Kidul

Skizze: R. Weber

Historische Spuren

Gegen Ende des 8. Jahrhunderts (792 n.u.Z.) in seiner jetzigen Form erstellt und vermutlich umgebaut, dürfte die Baumaßnahme während der Zeit des Baues des *Borobudur*, jedoch vor dem *Plaosan* Komplex begonnen worden sein; letzterem diente sie als bauliches Vorbild. Grundelemente wie die Umrandung mit kleineren zweitrangigen Schreinen ähnlich dem *Kalasan*, der wiederum vor *Sewu* erbaut worden sein soll, wurden dazu herangezogen.

Nach der *Kelurak* Inschrift (782 n.u.Z.) und der *Mañjuśrī grha* Inschrift aus dem Jahr 792 symbolisierte diese großartige Anlage einen den Menschen offenen und zugewandten *Mahayana Buddhismus*.

Abb. 2. Abendstimmung. Foto: Inge und Fritz (Germany 2017).

Abb. 3. Blick vom *Sewu*-Tempel bei untergehender Abendsonne zum *Merapi* Vulkan.
Foto: Inge und Fritz (Germany 2017).

Von den *Śailendras* begonnen, wurde der Tempel aber erst durch den hindu-istischen Herrscher des *Sanyas* Geschlechtes mit Namen *Rakai Pikatan* (746—780) fertiggestellt. Er war mit einer Tochter aus der *Śailendra* Dynas-tie verheiratet.

72

Der *Mañjuśrī grha* Tempel war der größte buddhistische Tempel in der *Progo* Ebene, wenn auch der Borobudur in seinen Ausmaßen größer war, er war jedoch kein Tempel, sondern ein Schrein, eben offen. *Mañjuśrī grha* war der Haupttempel des Königreiches, seine Konstruktion spiegelte die buddhistische kosmologische Ordnung als *Mandala* wieder. Die Nähe zum Hindutem-

Abb. 4. Blick vom Nordeingang mit den beiden *Dwarapalas,* den Tempelwächtern.
Foto: Inge und Fritz (Germany 2017).

pel *Prambanan* möchte möglicherweise die Verbundenheit, vielleicht Harmonie beider Religionen zumindest in Zentraljava wiedergeben.

Architektur

Der Komplex ist rechteckig und und die Umfassungsmauer mißt von Nord nach Süd 187 m und von Ost nach West 170 m. Von jeder Seite kann die Anlage betreten werden, der Haupteingang ist ostseitig. Jeder Eingang war von zwei Tempelwächtern bewacht.
Im Zentrum dieses Rechteckes steht der kreuzartige und konzentrische Bau des Tempelkörpers mit dem quadratischen Zentralbau und an je eine Seite angehängten rechteckig strukturierte Anbauten. Die portalartigen Zugänge der Anbauten führen in Räume und stellen so eigene Kapellen dar, was dem *Sewu*-Tempel Einmaligkeit verleiht und ihn als anmutiger und offener Tempel

darstellt. Die *cella* des östliche Vorbaues hat den einen Zugang zur zentralen und größten *cella* des Innengebäudes (Vgl. Grundriss des Tempels).

Ein mächtiger *Stupa* umgeben von kleineren Stupas bilden das Dach des Zentralbaues, sowie auch das Dach der angebauten Kapellen werden durch kleine *Stupas* geziert.

Flankiert wird der kreuzartige Gesamtbau (siehe Grundriss) durch eine niedrigere Umwallung, dahinter verlaufen zwei

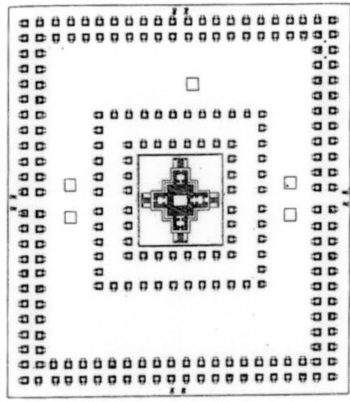

Grundriss der Gesamtanlage des Sewu-Tempels.
Modifiziert nach einer aushängenden Darstellung am Tempel.

Grundriss des *Sewu* besteht im Zentrum aus einer quadratischen Plattform von 18 m Seitenlänge und quadratischen Vorbauten mit 7,20 m Seitenlänge, jeder von außen über Treppen zugänglich. Über den Osteingang ist allein die innere *cella* zu erreichen, ihre Größe mißt 5.50 (N) x 5,90 (O) m. Um das innere Quadrat verläuft ein Prozessionspfad, teilweise überdacht, mit einem Zugang zu den Zellen (4.00 x 3,50 m) der Anbauten.

Modifizierter Grundriss Wordpress.

Abb. 5. Unbekannter *Bodhisattva* in einer Nische.
Foto: R. Weber (2017).

rechteckige Anordnungen kleinerer Schreine, die alle mit ihrer Rückseite zum Tempel und der Umwallung stehen, der Eingang blickt deshalb vom Tempel weg. Diese "Beitempel", *perwara* genannt, was soviel wie 'Wächter' oder 'Bewahrer' heißt, sind baulich einfach strukturierte, rechteckige oder quadratische Bauten, mit einem Vorbau der Eingangstreppe, das Dach bildet wieder ein *Stupa*. Die Basis des Baues misst bei der inneren Reihe 6 m² und der eigentlicher Termpelkörper 4 m², mit je einem Einlass bzw. Vertiefung an Seiten- und Rückwand zur Aufnahme von Ausschmückungen, während sonst in den Nischen Figuren und Statuen stehen. Das Inneren ist eine sehr kleine *cella mit* etwa 1,65 m Seitenlänge, der eine Art Windfang als Einlass dient. Der innere Ring, der unmittelbar an und um das Hauptgebäude verläuft, zählt 28 Schreine, 2 x 8 der Nord- und Südseite, 2 x 6 der West- und Ostseite.

Die zweite Reihe, mit einem etwas breiteren Abstand zur inneren Reihung, zählt 2 x 12 und 2 x 10 Schreine. Sie sind etwas größer als die erste Reihe, die Tempelbasis mißt 6,30 m², der Körper 4 m², wobei die größere Anzahl der *Stupas* wie bei der ersten in Nord-Süd Richtung steht und insgesamt 44 Bauten zählt (s. Gesamtgrundriss).

Diese beiden inneren Reihe verlaufen parallel in einem Abstand von 4 m zueinander, damit bleibt zwischen ihnen genügend Platz für Zeremonien oder eine *pradaksina* (Prozession). Dabei würde die Teilnehmer an den Zeremonien nur den Eingängen der inneren Reihe gegenüberstehen.

An den kleinen (privaten?) Tempeln wurden in den Nischen Statuen und Figuren, teils *Bodhisattvas* eingestellt. Nur wenige dieser sind bisher restau-

riert, doch die Wieder-
herstellung macht
Fortschritte wie der
Hauptschrein nach-
drücklich beweist.

Wie der Grundriss der
Gesamtanlage zeigt,
liefen an der Innensei-
te der äusseren Um-
wallung eine Doppel-
reihe von Zweitschrei-
nen parallel zu den
beiden inneren Reihen
am Haupttempel. Die
innere, dritte Reihe der
Zweitschreine umfasst
80 Schreine, 44 auf
der Ost- und Westsei-
te, 36 auf der Nord-
und Südseite. Sie ha-
ben ihren Eingang zum
Hof geöffnet, um mög-
licherweise an Zere-
monien im Tempelhof
teilzunehmen.

Dagegen öffnen sich
die äußeren nach au-
ßen zur Umwallung.
Ihre Gesamtzahl be-
läuft sich auf 88, wobei
Ost- und Nordseite 48
Tempelkörper und die
Nord- und Südseite 40
Aufbauten zählen.

Abb. 6. *Bodhisattva* in einer Nische eines Zweittempels.
Auffallend ist der gewaltige Kala als Nischensturz.
Foto: Inge und Fritz (Germany 2017).

Der Abstand zwischen der zweiten und der dritten Reihe beträgt immerhin
25 Meter. In diesem Zwischenraum waren entlang den Zugängen von Ost
und West je 2 größere Schreine erstellt, Nord und Südeingang flankierte je
ein Schrein, wobei der gegenüberstehende vermutlich nur geplant, aber
nicht gebaut wurde. Gründe sind dazu nicht bekannt. Möglicherweise bringen weitere Ausgrabungen hier eine Antwort zutage.

Die Kombinationen sind zum Eingangsweg geöffnet, stehen sich demnach
mit ihren Eingängen gegenüber, die über einen kleinen Vorbau mit Treppe zu
begehen ist.

Die Basis des Schreins beträgt immerhin 9,30 m², der Körpergrund misst 5,80 m², mit einer *cella* von 2,30 m².

Insgesamt umgeben 247 Bauwerke (Zweitschreine, *Perwara*, als Wächter) den Haupttempel, wenn sie alle erstellt worden wären, so verringert sich ihre Zahl auf 245 bzw. 244.

Oftmals sind die Stürze über den Eingängen sind mit Figuren (*Buddha* im Lotussitz), *Kala*-Antlitzen oder Blumenornamenten geschmückt.

Candi Plaosan Kidul und Candi Plaosan Lor - buddhistisch

Örtlichkeit

Der Tempelkomplex liegt ca. 2 km nordwestlich des großen *Hindu*-Tempels *Prambanan*, nahe an dem kleinen Fluss *Dengkok*, der in den *Opak* fließt,

Abb. 1. Ein mächtiger *Dwarapala* bewachte den ersten Eingang zu dem Tempelgrund. Das war der Haupteingang, der mittlerweile durch die Zerstörungen der Ummauerung seitlich gegen Westen steht. Links im Bild noch Reste vermutlich der zweiten Ummauerung, die erste äußere ist vollständig abgeräumt. (Siehe dazu Grundriss).

Foto: Inge und Fritz (Germany 2015).

Abb. 2. und 3. Obiges Foto: *Plaosan Kidul* A_1. Unten: Ansicht vom Eingang.
Foto: Inge und Fritz (Germany 2015).

mitten im Flachland des Reisanbaues. Die oft zu lesende Angabe 1300 m Ost-Nord-Ost des *Chandi Sewu* ist als Luftlinie zu verstehen. Die Gesamtanlage umfasst neben den drei Hauptkomplexen 174 Umbauten, 116 Stupas sowie 58 Schreine; Eingänge sind nach Westen orientiert, mit einem äußeren Portal [*Gopura*] in der ersten Ummauerung.

Zwei Haupttempel sind restauriert, Tempel A_1 und A_2, während Bau C lediglich eine Plattform und Umwallung aufweist und eigentlich nur ein wahllos aufeinander liegender Steinhaufen ist [Beschreibung und Gesamtplan, siehe bei Degroot, *Candi Space and Landscape*, S. 129].

Die gesamte rechteckige Tempelanlage verläuft in Nord-Süd-Richtung und wird von zwei Umfassungsmauern und einem dazwischenliegenden Graben umrandet, diese Umwallung misst 460 x 290 Metern. Die Mauern sind nicht mehr überall erkennbar, noch gut sichtbar sind sie östlich und westlich der Anlage. Die Tempel *Plaosan Kidul sind* im Komplex nochmals im Innern durch eine kleine Mauer eingerahmt. Jenseits der Straße findet sich (südlich des Haupttempels *Plaosan Kidul*) der Tempel *Ploasan Lor* mit niedrigen einzelligen Tempeln mit einem Vorraum. Ein Teil der Gebäude wurde restauriert.

Im Jahr 2014 begann die Regierung Indonesiens mit der Renovierung der Anlage, insbesondere wurden im Innern der Komplexe A_1 und A_2 aufwendige Arbeiten durchgeführt. Bei der Außenanlage werden die Schreine und Stupas wiederaufgebaut und entsprechend erneuert. Immerhin sind fast 200 Gebäude zu erstellen, was eine geraume Zeit in Anspruch nehmen wird.

Historische Spuren

Entdeckte Inschriften führen in die Zeit der Jahre 784-803 n.u.Z. Spätere Schrifthinweise, die den Namen des Herrschers *Rakai Pikatan* als Spender nennen, sind auf 825-850 n.u.Z. zu datieren. Nach diesen späteren Texten wurden die Tempel zu Anfang bis Mitte des 9. Jhdt. durch ein weibliches Familienmitglied der *Shailendras* mit dem Namen *Sri Kahulunnan* [*Paramodavardhani*] erbaut. Sie war eine Tochter des herrschenden *Shailendra*-Königs *Samaratungga* (812-832) und war die Ehefrau des *Rakai Pikatan* (838/842-856) aus der hinduistisch javanischen *Sanjaya* Herrscherdynastie, dem vermuteten Stifter der *Plaosan*-Tempelgruppe.

Architektur

Die zwei Haupttempel (A_1 und A_2) zeigen Ähnlichkeit mit dem *Sari*-Tempel, insoweit es sich auch hier nicht um einzellige Schreine, sondern um eine Art Haus handelt. Der linke Tempel (siehe A_1) ist von seinem westlichen Eingang aus gesehen besser erhalten. Es folgt nördlich der dritte Schrein C, der nur noch aus einer Terrasse besteht und von sekundären Schreinen umrandet wird, um die wiederum eine Mauer mit einem westlichen Eingangsportal angelegt wurde. Einige Skulpturen sind bei den einzelnen Tempeln wieder an ihren früheren Platz gestellt worden.

Grundriss des Tempels Plaosan Lor A
Skizze: R. Weber

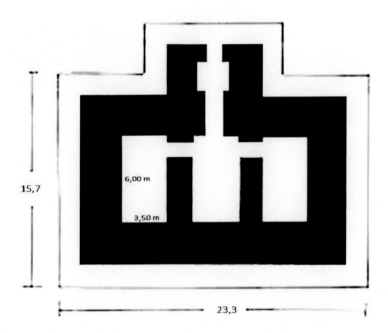

A₁ und A₂ sind als rechteckige Zwillingsbauten zu erkennen und auf je einen hohen Sockel gesetzt worden. Sie messen 23,3 x 15,7 Meter mit einem westlichen Treppeneingang ins Vestibül (siehe Grundriss). Bei einer genaueren Betrachtung sind jedoch Unterschiede zu erkennen, auch im Innern.

Von Westen gelangt man über einen kleinen Vorraum in den in drei Kammern (Größe je 6 x 3,5 m) eingeteilten Innenraum (siehe Lageplan), dabei sind diese durch Zugänge verbunden. Jeder Raum ist nach oben offen gestaltet, zeigt aber in etwa drei Meter Höhe einen umlaufenden Kragen, um vielleicht eine Holzdecke einbauen zu können. Ein Fundament und die Verankerung einer Zugangstreppe im nördlichen Raum des A₁ sind noch erkennbar. Nischen in den Seitenwänden (siehe Abbildung 5) dienten der Aufnahme von Statuen und Reliefs.

Alle Außenwände sind durch Fenster gebrochen und lockern durch eingestellte Nischen und Skulpturen die Bauansicht auf. Da die Fensteröffnungen übereinander angelegt sind, wird dem Betrachter der Eindruck vermittelt, der Bau hätte zwei Stockwerke, was jedoch nicht der Fall ist, lediglich läuft die

Abb. 4. Plaosan Kidul A$_2$. Jenseits der hinteren Umwallung (rechts) sind zwei erneuerte Schreine zu sehen.

Foto: Inge und Fritz /Germany 2015).

Abb. 5. Südliche Seitenwand der südlichen Kammer des Tempels A$_1$. *Manjuśrī* sitzt mit untergelegtem linkem Bein rechts an der Ostwand. Mehrere Figuren sind in der Ostwand zu sehen, die größere ist vielleicht eine Darstellung des Herrschers. Zwei halten Ehrenschirme? In der Wandnische war Platz für eine weitere Skulptur, darüber ein *Kala*-Antlitz.

Foto: Angkormann/R. Weber (2014).

Abb. 6. *Bodhisattva Manjuśrī*, wie auf dem folgenden Foto Nr. 7 lächelt er sanft, um Ruhe auf den Betrachter auszustrahlen. Es ist nicht bekannt, ob dieses Gesicht eine damals lebende Person widerspiegeln soll oder ob es eine freie künstlerische Arbeit eines Steinmetzes war.

Der Betrachter mag sich an die Gesichter des *Bayon* oder einige Tore in *Angkor* erinnern, König *Jayavarman VII.*, dem wir die wundervoll ausdrucksstarken Gesichter im Reich der *Khmer* verdanken, sah diese bei seinem Aufenthalt vor seiner Regierungszeit hier in Java, war möglicherweise von der künstlerischen Arbeit so begeistert, daß er, zurückgekehrt nach Kambodscha, diese Gesichter für seine Statuen übernahm.

Foto: Inge und Fritz (Germany 2015).

vorgenannte Kragung als mögliche Deckenauflage in allen Kammern um. Die Gesamtanlage ist rechteckig in Nord-Süd-Richtung angelegt, auch beide Haupttempel $A_{1,2}$ sind Zwillinge. Obwohl im Vergleich zu dem Tempel *Sewu*, der quadratisch angelegt ist, eine gleiche Konzeption nicht zu erkennen ist, haben beide Tempel Gemeinsamkeiten. Beide Anlagen haben einen Innenhof, der mit Schreinen oder Stupas bebaut ist. Die Grundstruktur Tempel – Hof – Stuparing ist die gleiche, trotz unterschiedlicher Grundrisse. Die Eckschreine bei beiden Anlagen sind nach Ost und West offen, nicht nach Nord-Süd, obwohl die *Plaosan* Anlage doch insgesamt eine Nord-Süd-Achse zeigt, aber auch hier hat der

Abb. 7. Kopf des *Bodhisattva Manjuśri.* Foto: Inge und Fritz (Germany 2015).

westliche Eingang Priorität.

Abgesehen von gleichen oder ähnlichen Vorgaben beim Bau, divergieren beide Anlagen zeitlich nicht so sehr, beide sind buddhistische Heiligtümer, die in einer Hochphase der *Shailendra*-Dynastie erstellt wurden. Selbst der noch frühere *Kalasan* Tempel ist in seiner Grundstruktur den beiden vorgenannten Schreinen ähnlich, der Haupttempel ist umrundet von einem Ring sekundärer Schreine. Auch die buddhistische Anlage des *Candi Lumbung*, ganz in der Nähe des *Sewu*-Tempels, folgt diesem Prinzip. Selbst der zeitlich spätere *Loro Jonggrang*

Abb. 8. *Bodhisattva Sarwanīwaranawiś-kamthī.* Foto: R. Weber (2017).

Abb. 9. Zentrale Kammer des A₁. *Bhodisattvas Avalokiteśvara* und *Vajrapāni*. Die in der Mitte freie Stelle war zuvor mit einem bronzenen *Buddha* besetzt.
Foto: Inge und Fritz (Germany 2015).

Abb. 10. Der nördliche Raum des Tempels A₁. An jeder Wand befinden sich Reliefs. Abbildung der Westwand, links des nordwestlichen Fensters. Zwei betende Männer (*Bodhisattvas*?), über jedem ist ein Ehrenschirm von Dienern aufgespannt.
Foto: Inge und Fritz (Germany 2015).

84

Abb. 11. Darstellung eines Kopfes aus diesem Tempel, abgebildet bei Rawson S. 247, *... dieses Gesicht eines Mönches spiegelt tiefe Gelassenheit in seiner weit fortgeschrittenen Verinnerlichung wider.*

(*Prambanan*), der hinduistisch ist, folgt baulich noch dieser Vorgabe.

In jeder der drei Kammern ist an der östlichen Wand ein Aufsatz, eine Art 'Altar' gemauert, der vermutlich mittig einen sitzenden *Buddha* aus Bronze aufnahm. Alle *Buddha*-Statuen sind von den Sockeln verschwunden, lediglich rechts und links davon finden sich noch meist beschädigte, sitzende *Bodhisattvas* aus Stein in einer besonderen Sitzposition; ein Unterschenkel ist aufgestellt und der andere zum Lotussitz untergeschoben. Auffallend sind, wo noch sichtbar, die sanften, zeitlos glücklichen und große Zufriedenheit ausstrahlenden Gesichtszüge, es sind möglicherweise Gesichter von Mönchen des Tempels. Die in den Kammern *in situ* vorzufindenden Skulpturen im Tempel A_1 wurden identifiziert als *Maitreya* in der nördlichen Kammer und im Vorraum, zusammen mit

Abb. 12 zeigt die nördliche noch sehr guterhaltene Außenwand von Tempel A_1. Von Norden fällt kaum Regen, so sind Zerstörungen meist auf die regelmäßigen Erdbeben zurückzuführen, die in dieser Region des Feuergürtels oft auftreten.

Foto: R. Weber (2017).

Abb. 13. Dieses Relief der Nordwand des A1 steht im oberen
linken westlichen Fensterbereich,
nahe der mittleren Teilung. Leider
ist die Lotusknospe, die vom
rechten Arm nach oben ging
ausgeschlagen, links hält die
Hand eine Krone. Über ihm läu-
ten Glocken vom Himmel herab,
daneben brennt ein ewiges Feu-
er.

Foto: Inge und Fritz (Germany

Manjuśrī; im Zentralraum
Awalokiteśwara und *Wajra-
pāni* und im südlichen
Raum nochmals *Manjuśrī*
mit *Sarwanīwaranawiś-
kamthī*. (Weitere Nennun-
gen und Ausführungen bei
Degroot: Candi, Space and
Landscape, S. 195).

Auf der gegenüberliegen-
den Seite der südlichen
Kammer des Tempels A1
(Nordwand) ist vielleicht
*Bodhisattva Sarwanīwara-
nawiśkamthī* zu erkennen.
Alle Statuen sind mittlerweile renoviert, wodurch
sich die Besucher im Inneren ein besseres Bild von
den Räumen und Kammern
machen können. Unterein-
ander sind alle Abteilungen
verbunden und nach Wes-
ten haben alle ein Fenster,
damit genügend Licht ein-
fällt. Im südlichen Raum ist
zudem die Vorrichtung für
einen Treppenaufbau sicht-

Abb. 14. Nordwand A1, Kopf eines
Bodhisattva.

Foto: R. Weber 2017.

bar. Es war sicher so, dass diese buddhistischen Heiligtümer zeitweise auch Wohnstatt für Mönche waren, sonst machen die Kragen an den Wänden in Raumhöhe mit den Balkeneinlässen keinen Sinn. Diese Holzbalkendecke war auch schnell wieder zu entfernen, ohne dass größere bauliche Veränderungen geleistet notwendig wurden.

Die Außen- und Zwischenwände sind von enorm dick. Offenbar hat man statische Probleme wegen der Erdbebenhäufigkeit durch einen überdimensionierten Ausbau der Mauern gelöst, zumal keine erkennbaren Eisenkonstruktionen eingelassen sind. Die Bauweise zeigt eine Verankerung in den gewaltigen Mauern (siehe dazu Fotos über das Innere des *Candi Sari*), die damit alle kritischen Situationen bei Vulkanausbrüchen auffingen. Eine ähnliche Bauweise ist auch beim *Sari zu erkennen*, die zeitliche Nähe des Baues unterstreicht dies zudem.

Die mittlere Kammer, die zugleich nach Westen für den Haupteingang breit geöffnet ist, ist östlich mit zwei *Bodhisattvas* Skulpturen geschmückt, wobei früher vermutlich in der Mitte ein bronzener *Buddha* aufgestellt war. Im nördlichen Außenraum von A$_2$ ist *Maitreya* aufgestellt, übrigens auch im nördlichen Raum von A$_2$. Hier, so vermutet man, war der heute freie Platz *Sākyamuni* vorbehalten, ähnlich dem, der sich im *Candi Mendut* befindet.

Überhaupt wurde bei jahrelangen Grabungen ab dem Jahr 1891 eine Anzahl von Skulpturen außerhalb bei der Umwallung gefunden, die ver-

Abb. 15. (Foto nebenstehend), direkt neben den Fensteröffnungen wurden erst eine Einfassung mit Sturz gesetzt und daneben anmutige Frauenfiguren. Ob es ebenfalls Bodhisattvas sind, ist nicht bekannt, doch deutet der reichhaltige Schmuck darauf hin.

Foto: Inge und Fritz (Germany 2015).

Abb. 16. Frauenfigur (Foto oben) unteren Fenster der Nordseite von Tempel A₁.

Foto: Inge und Fritz (Germany 2015).

schiedene *Bodhisattvas* darstellen.

Das Dach trägt, wie bei fast allen buddhistischen Tempeln, nach oben aufstrebende Stupas. Die Fensteröffnungen an den vier Außenwänden wechseln sich mit Figuren-Reliefs ab, die teilweise sehr gut erhalten sind. An der hinteren Außenwand sind die Öffnungen erst mit kleineren Figuren geschmückt, denen nach außen größere folgen. Dadurch, dass die Fenster übereinander liegen, wird der Eindruck erweckt, es sei nach oben noch ein Geschoss vorhanden, was jedoch heute nicht mehr festgestellt werden kann.

Die Nordwand des A₁ ist noch sehr gut erhalten und zeigt feine Arbeiten, meist vermutlich *Bodhisattvas*. Die perfekt gearbeiteten Statuen zeugen von hoher handwerklicher Kunst. In jedem der Gesichter wird Sanftmut nach außen getragen, um den Betrachtern und den Anhängern das Erreichte nach der Erfüllung des buddhistischen Weges zu zeigen.

Alle Außenwände sind reichlich mit Statuen und Figuren ausgeschmückt. Es handelt sich meist um *Bodhisattvas*, deren Namensgebung nur anhand der eingearbeiteten Attributen möglich ist.

Candi Mendut - buddhistisch

Örtlichkeit

Wie *Candi Pawon* liegt auch *Candi Mendut* auf jener imaginären Linie, die vom *Borobudur* über *Pawon* und *Mendut* bis zum höchsten Punkt des Vulkans *Merapi* verläuft und eine mythische Verbindung zwischen Tempel und Berg darstellt, die bei einer umfassenden *pradakshina* - Wallfahrt - als angenommener Weg dient. Diese Linie bildet eine Beziehung zwischen den Tempeln, dem Berg und dem wallfahrenden Gläubigen, die ihm als höheres Ziel seiner Wallfahrt einen Teil des Weges seiner Erleuchtung vorgibt. Dies ist wie bei dem reisenden *Sudhana* eine spirituelle Vorstellung.

Der Tempel *Mendut* liegt etwa 3 km in nordöstlicher Richtung vom *Borobudur* und ist über die Hauptstraße vom großen Schrein gut zu Fuß zu erreichen. Alle Straßen von und nach *Yogjakarta* führen an ihm vorbei und er ist von der Straße aus gut sichtbar.

Wie bereits an anderer Stelle erwähnt (*Candi Ngawen*) bietet sich zeitlich gerafft, ein Besuch der Tempel und Schreine um den Borobudur an. Es ist nicht erforderlich das Tal des Progo mehrmals zu besuchen. In und um den Borobudur gibt es dazu genügend Unterkünfte in allen Kategorien.

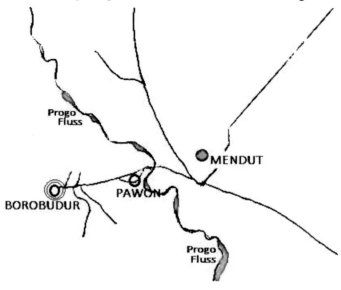

Historische Skizze

Das sakrale Heiligtum *Mendut* wurde vermutlich zum Ende des 8. und Beginn des 9. Jahrhundert erbaut. Denkbar ist, dass es bereits vor der Fertigstellung des Borobudur erbaut war. Insoweit kann davon ausgegangen werden, dass die drei Tempel Borobudur, Pawon und Mendut ungefähr das gleiche Alter haben. Trotzdem wird *Mendut* als das älteste der drei Heiligtümer angesehen, da Zeremonien hier bereits vor den beiden anderen gefeiert wurden.

In der *Karangtengah*-Inschrift aus dem Jahr 824 n.u.Z. wird erwähnt, dass König *Indra* aus der *Shailendra Dynastie* ein Heiligtum erbaut hat. Der niederländische Gelehrte *de Casparis* erkannte den in dieser Inschrift zitierten Namen als 'Bambus-Wald', mit dem nur *Candi Mendut* gemeint sein konnte und nicht *Candi Ngawen*.

Als niederländische Fachleute (*Brandes* 1903; *Krom* 1923, *Kemper* 1976) hier mit Untersuchungen begannen, stand der Schrein auf einem umwallten Gelände von etwa 100 x 50 m. Die Überbleibsel der Ummauerung waren kaum noch auszumachen, um den genauen zu erkennen.

Abb.1. Ansicht des heutigen *Candi Mendut* mit Eingangstreppe und Türvorbau von Westen. Foto: Angkormann/R. Weber (2014).

Die ganze Fläche dieses Tempelfeldes war mit Ablagerungen, Asche und anderem Auswurf vom nahen *Merapi* bedeckt, das berichtete jedenfalls *Brandes*. Weitaus bedeutender waren die nördlich vom Standort des heutigen *Mendut* entdeckten rechteckigen Strukturen eines steinernen Tempels mit einem kreuzförmigen Aufbau, und noch weiter nach Norden Spuren eines quadratischen Fundamentes. *Brandes* vermutete hier einst eine Unterkunft und einen Schlafplatz (*vihara*) für Mönche.

Es kann nicht ausgeschlossen werden, dass es sich dabei, um die nördlich gelegene Ruine des ersten oder eines früheren Bau des Heiligtums 'Bambus-Wald' gehandelt hat.

Der jetzige Tempel ist das Ergebnis mehrerer langzeitiger Bau - oder Umbauphasen. Heute ist die Vergrößerung eines älteren Tempels erkennbar, der in dem Aufbau aufgenommen wurde.

Architektur und Beschreibung

Die Tempelbasis ist mit etwa 25,5 Metern im Quadrat recht groß. Obwohl beide Seiten gleich lang sind, wird von einem 'gestaffelten' oder 'versetztem' Quadrat ausgegangen. Die Westseite des Einganges liegt, teilweise durch eine Absatzbildung zwischen Treppen und Türvorbau, um etwa zwei Stufen tiefer als die übrige Basis, was vermutlich mit der ungleichen Höhe des Umganges um den Tempelkörper zusammenhängt. Dieser umlaufende Weg der Plattform wird durch eine nicht sehr hohe Balustrade begrenzt. Der sehr breite Weg um den Tempelkörper dient als großzügiger Prozessionsweg bei der *pradkshina,* wenn die Pilger im Uhrzeigersinn den Tempel umrunden. Die Höhe der Plattform beträgt 3,70 m über dem Grund, was wegen der Treppe zu dem Absenken im Eingangsbereich der übrigen Plattform führte.

Der Tempelkörper ist mit exakt 14,15 m X 14,15 m (jüngste Messung bei de Groot, S. 283) quadratisch, auch *de Groot* spricht hier von einem versetzten Quadrat. Von dem Torvorbau tritt der Pilger in das Innere durch ein Vestibül, eine Art Flur, bevor er in die eigentliche *Cella* eintritt.

Diese Hauptkammer (*cella*) ist nicht quadratisch oder rechteckig, sondern trapezförmig, denn die westliche Mauer des Einganges ist 7,60 m und die gegenüberliegende Ostseite nur 6,70 m lang, also fast einen Meter kürzer. Die beiden Seitenwände der Süd- und Nordseite messen 7,25 m, was die Trapezform deutlich zeichnet.

Gelebte tantrische Traditionen

Nach theologischer-tantrischer Tradition gab es zwei Sichtweisen und Auslegungen in Java um das 8. Jahrhundert, sie waren Grundlage des *Vajrayāna Buddhismus*. Einmal war dies das *Vajaradhātu, zum anderen* das *Garbhahadhātu*, wobei *Garbha* soviel wie "Mutterleib" oder "Schoß" bedeutet.

Gemäß dieser tantrischen Tradition war die Natur des *Buddha* die letzte oder ultimative Realität des Universums. Einmal wird diese durch den predigenden Buddha repräsentiert, zum anderen durch zwei personalisierte Erscheinungen oder Projektionen verdeutlicht, ganz so wie es die Sitzordnung in der Tempelkammer des Mendut es zeigt.

Die eine Form ist in der Person des *Bodhisattva Avalokishesvara*, dargestellt rechts des *Buddha* sitzend. Er ist ein *Lokeshvara*, ein Herr der Welten oder Weltenherrscher, hier als ein *Bodhisattva* auftretend, mitfühlend, barmherzig und zugleich machtvoll. Aber im Gegensatz zu Angkor, wo der *Lokeshvara* als transzendente Person etwa des khmerischen Herrschers auftrat, spielte der Weltenherrscher in der Theologie Javas keine Rolle, einem König wurden diese Ehren hier nicht zuteil.

Abb. 2. *Dhyani Buddha Vairocana* in *Dharmacakra Mudra* Sitz und rechts von ihm *Bodhisattva Avalokiteshvara,* der auf seiner gestreiften oder kurzfaltig zusammengelegten Decke sitzt, wie dieses auf einigen Steinbilder des Borobudur ebenfalls zu sehen ist.
Foto: Angkormann/R. Weber (2014).

Linker Hand von Buddha sitzt *Bodhisattva Vajrapāni* in der Tempelkammer des Mendut, der das *Vajra* in seiner Hand hält, eine besondere Form eines Dreizacks. *Vajrapāni* ist die Verkörperung der geheimen tantrischen Doktrin und Praxis des *Vajrayāna Buddhismus.* So darf angenommen werden, dass es dem Schrein *Mendut* zufiel, den Gläubigen und Pilgern die Vereinigung

92

der Lehre des *Garb-hahadhātu* und *des Vajaradhātu* noch während der Bauzeit des *Borobudur* zu zeigen.

Der Gesichtsausdruck der Darstellungen im inneren Tempel, sowohl der des *Buddha* als auch seiner beiden Begleiter sind von Größe, göttlicher Gelassenheit und Seligkeit getragen, die sie auch dem Betrachter und Gläubigen vermitteln.

Die freien Wände links und rechts des Einganges wurden geschmückt mit Bildern aus den Geschichten und Erzählungen der tantrischen Lehren, wie sie in Java den Gläubigen auch sonst vorgestellt wurden. Besonders erwähnenswert sind die sie-

Abb. 3. Zeigt *Bodhisattva Vajrapani* in einer gleichen Sitzhaltung wie sein gegenüber. Foto: R. Weber (2019).

ben Darstellungen von *Bodhisattvas* an den Außenwänden, teils in Nischen gestellt. An der vom Eingang aus betrachteten hinteren Ostwand steht in der Mitte ein hohes Podest, mit einem sitzenden *Buddha* in Bronze gegossen im *Dharmacakra Mudra* Sitz, was 'er predigt seine erste Predigt' bedeutet. An den Wänden links und rechts der Ostwand mit der Statue von *Buddha Shakamuni* stehen auf jeweils niedrigeren Lotussitzen zwei *Bodhisattvas*, nämlich *Avalokitesvara* rechts von *Buddha* und *Vajrapani* links von ihm sitzend.

Sobald der Pilger oder Besucher den Flur betritt, empfangen ihn links und rechts an den Seitenmauern Steinbilder.

Auf der linken Seite ist das Bildnis eines großen Baumes zu sehen, der mit Girlanden geschmückt ist (Abb. 4). Über dem Baum sitzen *kinneras* - halb Mensch halb Vogel - auf Zweigen. Unter dem Baum stehen große Gefäße, die mit Schmuck oder auch Girlanden gefüllt sind. Zwei Gläubige, eine Frau und ein Mann sind mit dem Ausschmücken beschäftigt. Offenbar sollen da-

mit Ehepaare angesprochen werden.

Nach hinduistisch-vedischen Schriften war dies ursprünglich der 'Baum des Lebens', den Gottvater *Indra* auf seinem Berg gepflanzt hatte. Er war der Baum der Welt. Mit dem Buddhismus wandelte sich das Bild und der Baum wurde als göttlicher Wunsch- und Lebensbaum verehrt, dabei nicht nur bei dem Wunsch nach Nachkommen, sondern auch wie beim *Pawon*, mit dem Wunsch nach Reichtum. Dieser Baum wurde in buddhistischen Niederschriften *Kalpavriksha* oder *Kalpataru* bezeichnet.

Abb. 4. Links und rechts des Einganges zur Cella sind an den Wänden Lebensbäume mit je einem Paar dargestellt. Die Bilder zeigen die Paare bei ihren Opferungen um Kindersegen.
Foto: R. Weber 2019.

Zum buddhistischen *Visak* Fest (*Visakla Puji*, *Vesakh*), das weltweit Ende Mai, manchmal auch Anfang Juni zum Geburtstag *Buddhas* von seinen Anhängern gefeiert wird, kommen sehr viele Pilger und Gläubige auch zum *Mendut*. Viele Ehepaare feiern und bitten um Erfüllung ihres Kinderwunsches. Dabei sind auch Teilnehmer, die nicht der buddhistischen Religion angehören, jedoch hält ihr Kinderwunsch sie nicht von einer Zeremonie zu Ehren der Göttin *Hariti* ab. Diese Art der Fürbitten ist sehr tief in der lokalen Bevölkerung verwurzelt, ganz so als seien die alten Religionen längst noch nicht tot.

Das Bild gegenüber zeigt ebenfalls einen Baum, unter ihm sitzen links und rechts eine Frau und links ein Mann. Offensichtlich sollen die beiden Steinbilder Paare ermuntern, die wegen eines Kinderwunsches gekommen sind, um eine Zeremonie feiern. Das wird auch an anderer Stelle durch Bilder deutlich, die der Göttin *Hariti* geweiht sind und neben der Göttin viele Kinder zeigen (siehe Abb. 5 - 6).

Abb. 5 - 6. Die göttliche *Hariti* wird auf diesem Bild mit vielen Kindern dargestellt. Sie soll 400 Kinder betreut haben. Die Kinder spielen im Garten, klettern dabei auf Bäume, um Früchte zu pflücken, wobei sie sich beim Steigen gegenseitig helfen und *Hariti* die kleinsten zu sich nimmt. *Hariti* war einst eine menschenfressende Dämonin, wurde jedoch von *Buddha* erlöst und wird heute in vielen Ländern als Beschützerin der Mütter und Kinder verehrt und soll auch Kinderwünsche der Paare erfüllen. Über ihr schweben und wachen Götter über ihr Tun und Wirken.

Fotos: R. Weber (2019).

Abb. 7 - 8. Die Darstellung des Bildes der *Hariti* gegenüber ist ihrem Gatten *Atavaka* gewidmet. Auch er betreut Kindern, die in einem Garten voller Obstbäume toben, klettern und Verstecken spielen. Über dem Bildnis des *Atavaka* schweben göttliche *Apsaras* ihn zu erfreuen und gleichzeitig zu ermuntern. Den vorbei pilgernden Paaren wird dieses göttliche Paar vor Augen gestellt, die nach Erfüllung ihres Kinderwunsches die Betreuung und Erziehung ihrer Kinder nicht vergessen haben.

Foto: R. Weber (2019).

Gehen die Pilger den Flur zur Tempelkammer weiter, begegnen sie weiteren Ausschmückungen, die der feierlichen Zeremonie der Paare durch die Götter Aufmerksamkeit schenken.

Bei einer Prozession um den eigentlichen Tempelbau sind die Außenwände mit Bildnissen und Darstellungen von Bodhisattvas geradezu übersät. Die Prozessionen stoppten bei einzelnen Bodhisattvas, um zu opfern oder zu beten. Einige Teilnehmer sammelten sich auch bei einer bestimmten Person, um ihr zu huldigen, weil man sich von ihr eine persönliche Fürsprache erwartete.

Die Bodhisattvas *Avalokitehsvara* und Bodhisattva *Vajrapani*, die im Inneren der *cella* zusammen mit *Buddha Shakyamuni* die Gläubigen zu Gebet und Opfer empfingen, wurden sicherlich bei Prozessionen mit einbezogen.

Die übrigen Wände des Tempelkörpers sind mit vielen Statuen geschmückt. Leider ist nur sehr schwer auszumachen, welche Statue zu welchem Bodhisattva gehört. Abbildung 9 zeigt einen Bodhisattva (Meitraya?, Manjusri?) der seine rechte Hand zu einem *mudra vitarka* hält, was 'Geste der Diskussion' bedeutet. Die linke Hand hält den Stengel eines großen blühenden Lotus, wie *Manjusri* bei Darstellungen des Borobudur gezeigt wird.

Abb. 9. Ausschnitt aus der großen Wanddarstellung der Nordseite. Ein vierarmiger Bodhisattva (oder doch Buddha) begleitet links und rechts von zwei Bodhisattvas, alle sitzen auf Lotusthronen, die aus einem Teich erwachsen. Der mittlere wird sogar zur Erhöhung aus dem Teich herausgehoben, der mit Wasserpflanzen und sogar Fischern wellig angedeutet ist. Foto: R. Weber (2019).

Die beiderseitigen Balustraden an der Treppe, die auf die hohe Basis und der Tempelkammer führt, sind außen mit Szenenbilder unter anderem aus den Jataka-Geschichten dargestellt. Auch Bildnisse aus ganz alltäglichen Lebensabläufen, wie etwa die Medizinbereitung für einen Kranken, finden ihren Niederschlag als Anregung und zur Nachahmung für die Besucher und Teilnehmer.

Die linke Treppenwand ist mit weiteren Szenen geschmückt, die aus dem *jatakamala* oder dem *avadana sutra* stammen (Abb. 10 und 11).

Abb. 10. Szenen aus den *jataka*-Erzählungen oder auch den *avadanas*, wie sie am Borobudur dargestellt sind. Vielleicht ist jene Szene hier gemeint, in der Gottvater Indra in einen Falken verwandelt bei König *Sibu* erscheint und ihn um Speise bittet. Andere Erzählungen sind aber ebenso vorstellbar.

Foto: R. Weber (2019).

Abb. 11. Vermutlich eine Szene aus dem *Mahabarvirbhanga*. Man sieht einen Kranken, der die Barmherzigkeit anderer Menschen erfährt, eine Person fertigt eine Medizin, eine andere kümmert sich um den Kranken.

Foto: R. Weber (2019).

Abb. 13. Abbildung der östlichen Balustrade des Treppenaufganges.
Foto: R. Weber (2019).

Die oberste Szene (Abb 12) stellt zwei Personen im Gespräch mit einem Brahmanen dar. Möglicherweise stellt die Szene auch einen Ausschnitt aus der Erzählung *Dharmabuddhi* und *Dustabuddhi* aus dem *Pañcartantra* dar. Diese Erzählung bringt eine weitere Geschichte von zwei Männern, die ganz unterschiedliche Charaktere haben. So ist *Dharmabuddhi* rechtschaffen und *Dustabuddhi* das Gegenteil.

Eines Tages brechen beide auf, um weit weg von ihrem Heimatort an unterschiedlichen Orten Geld zu verdienen. Beide kehren mit ihrem Gewinn in ihre Heimat zurück und damit beginnen auch die Konflikte.

Die mittlere Reihe berichtet in einer herausgehobenen Szene dieser Geschichte von *Dustabuddhi*, der im Wald seine Geldsäckchen unter einem Baum vergräbt, um sie so vor Dieben zu schützen, jedoch nimmt er sie zweifelnd wieder mit. Am nächsten Tag geht er mit *Dharmabuddhi* zu diesem Versteck, das leer ist. Sofort beschuldigt *Dustabuddhi* seinen Mitstreiter der und zeigt den "Diebstahl" dem Magistrat der Stadt an. Seinem Vater vertraut er aber seine Dieberei an. Der Vater versucht nun durch ein zweites Versteck, das Gericht zu irritieren, was ihm auch gelingt, denn nach dem Ortstermin wird *Dharmabuddhi* für schuldig befunden ein, er soll hängen.

Dharmabuddhi, seiner Unschuld gewiss, brennt diesen Baum nieder und heraus fällt der halbtote, verbrannte Vater des *Dustabuddhi,* der sterbend die Untat gesteht. Daraufhin wird sein Sohn als der eigentliche Übeltäter gehängt und *Dharmabuddhi* ist wieder frei.

Abb. 13. und 14. (Ausschnitt und Vergrösserung der 2. Reihe der Abb. 12).
Die mittlere Reihe der linken Treppenwand. *Dustabuddhi* bringt seine Geldtaschen und vergräbt sie unter den Wurzeln des Baumes, anders konnte der Steinmetz das nicht darstellen. Aber er ist es auch, der dann die Tasche wieder an sich bringt und flieht!
Nebenstehende Darstellung ist der dann folgende Streit der beiden.

Foto: R. Weber (2019).

Das Bild zeigt einmal das Vergrabendes Geldes, dann die weglaufende Person, die das Geldsäckchen gestohlen hat (*Dustabuddhi*). Das rechte Bild soll vermutlich den Kampf der beiden darstellen, während das linke Bild die Befragung der Gottheit des Waldes zeigt, hier als *Naga* dargestellt.
Die untere Reihe zeigt zwei Darstellungen, die inhaltlich nichts mit den vor stehenden Darstellungen zu tun haben. Auf Abb. 15 wird das Verhalten eines *Bikkhu* demonstriert. *Bikkhus* sind ordinierte Mönche, die sich strengen Regeln unterwerfen.
Die Abbildung 16 ist möglicherweise die Begegnung *Sudhanas* mit einem *rsi,* einem weisen Mann, der sein Dasein als Einsiedler führt. Die besondere Haartracht könnte den *rsi* als einen *Sakya* auszeichnen. *Sudhana,* der an seiner spitzen Kopfbedeckung zu erkennen ist, überreicht ihm Speisen. Eine Verbindung zu den vielfältigen Darstellungen der Reise des *Sudhana* ,wie sie am *Borobudur* auf den oberen Terrassen dargestellt wird, ist ohne Zweifel gegeben. Offen bleibt die Bedeutung der beiden Papageien.

Abb. 15. Ein *Bikkhu*, eine besonders strenge Form des Mönchseins im Buddhismus, erweist hier einigen Leuten, die sich hochnäsig abwenden und auch einem Elefanten keine Ehre erweisen, weil diese Mönche nur *Buddha*, dem *Dharma* (buddhistisch ethische Lehre), der *sangha* (Gesellschaft) und der *parisā* (Gemeinschaft) gegenüber solches dürfen.
Foto: R. Weber (2019).

Abb. 16. Das zweite Bild der untersten Reihe scheint der Reise des *Sudhana* entnommen zu sein, der auf seiner Reise viele Begegnungen mit Menschen hatte, hier mit einem Einsiedler, der einen besonderen Kopfschmuck und Bart trägt und ihn damit einer bestimmtem, aber unbekannten Gruppe oder Kaste zuweist.
Foto: R. Weber (2019).

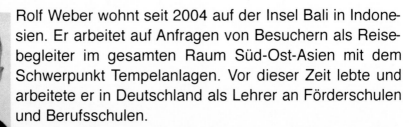

Rolf Weber wohnt seit 2004 auf der Insel Bali in Indonesien. Er arbeitet auf Anfragen von Besuchern als Reisebegleiter im gesamten Raum Süd-Ost-Asien mit dem Schwerpunkt Tempelanlagen. Vor dieser Zeit lebte und arbeitete er in Deutschland als Lehrer an Förderschulen und Berufsschulen.

Neben seinem Beruf galt sein lebenslanges Interesse der Historie, das zu einer Reihe von Publikationen zur mittelalterlichen Geschichte des Hunsrücks und umliegender Regionen führte. Die Beschäftigung mit Paläographie, Urkundenlehre und Archivkunde, sowie ein Studium der Archäologie und Ägyptologie schufen die Grundlage für weitergehende historische Projekte. Eines davon ist, nach seinem Ortswechsel nach Denpasar in Bali, die Erforschung und Beschreibung südostasiatischer Tempelbauten. Diese teils vergessenen, heute kaum besuchten Tempel sind einzigartige Denkmäler, sie verdienen die Aufmerksamkeit des an der Geschichte und Kultur Süd-Ost-Asiens interessierten Reisenden. Dieses Interesse zu wecken, zu informieren und Wege zu beschreiben ist die Absicht dieses Buches.

Glossar

AVADANAS

Texte des Mahayana Buddhismus, die das Leben und den Weg der Erleuchtung u.a. des *Sakyamuni*, des historischen *Buddhas* beschreiben.

AWALOKITESHWARA

Bodhisattva, er zeigt sich auf einer Decke mit einem umlaufenden, meist dreifach gewobenen einfachem Rundmuster auf den Steintafeln des Borobudur. Sonst hat er als Erkennung ein kleine Figur in seiner Krone.

BODHISATTVA

Ein Mensch, der bereits die Erleuchtung erreicht hat, aber auf die höchste Würde verzichtet um anderen Menschen bei der Erlangung der Erleuchtung zu helfen.

BUDDHISMUS -
Ausbreitung

Zur Ausbreitung der Buddhismus in Asien
(Gekürzter Auszug aus dem "Lexikon der Religionen").
Im Laufe der letzten vier vorchristlichen Jahrhunderte breitete sich der B. in ganz Indien aus. Er gelangte nach *Sri Lanka* und *Burma* im Süden, sowie im Norden in die Gebiete des heutigen *Pakistan* und A*fghanistan*. In den ersten Jahrhunderten nach Christus erreichte er über die Seidenstraße auch die Mongolei und China.
Im dritten Jahrhundert nach Christus kam es zur Ausbreitung in Südostasien hier in *Thailand* und *Malaysia* [gemeint ist die Malaiische Halbinsel].
Gemäß den antiken singhalesischen Chroniken hat bereits Kaiser *Ashoka* eine buddhistischen Mission im 3. Jh. v. Chr. in das "Goldland" entsandt. Das war vermutlich das Mon-Königreich

mit seiner Hauptstadt *Thaton* im Süden *Burmas*. Es handelte sich um die beiden Mönche *Sonas* und *Uttaras*.

Der Buddhismus in Formen des *Theravada*, des *Hinayana*, des *Mahayana* und des *Tantrayana* etablierten sich in den ersten nachchristlichen Jahrhunderten im Süden *Burmas*. Früheste Belege des *Theravada*-Buddhismus sind *Pali*-Inschriften aus dem *Mon*-Königreich aus dieser Zeit. Leider wissen wir sehr wenig über Geschichte und Kultur der *Mon*-Völker, obwohl sie als eines der großen Kulturvölker Südostasiens bedeutende Leistungen auf den Gebieten der bildenden Kunst, der Architektur und der Literatur erbracht haben. Während die *Mon* Südburma dominierten, gründeten *tibeto-burmesische* Völker aus den Himalaya Staaten im Nord-, Mitte- und Südwestteil des heutigen Myanmar. Eines dieser Bergvölker - die *Bamar* oder *Myanmar* - gaben dem Land ihre Namen. Nach der Überlieferung gründeten die *Myanmar* ihre Hauptstadt *Bagan* im Jahr 849 am großen Fluss Irawady.

Die *Pyu* folgten wohl zunächst einer Form des Hinduismus und sind im 2. und 3. Jahrhundert *Buddhisten* geworden, wobei alle Inschriften auf den *Theravada-Buddhismus* deuten; bildliche Darstellungen lassen aber auch auf das Vorhandensein anderer *Buddhasekten* schließen.

JATAKA

Zeitlose Geschichten und Erzählungen, auch lokaler Art, meist aus der Frühzeit Buddhas. Siehe 1. Galerie des Borobudur.

KALA

Siehe auch: →MAKARA, →KIRTHIMUKA

KINNERA

Himmlische mythische Geschöpfe, halb Mensch, halb Vogel. Leben versteckt auf dem

Berg Meru. Kommen u.a. verschiedene Male in den Geschichten auf Steinbildern des Borobudur vor. Sie dienen auch als schmückendes Beiwerk.

KIRTIMUKHA, KALA
Siehe auch: MAKARA

Bedeutet in Sanskrit 'ruhmvolles Gesicht', aber ein Monster (Fabelwesen) mit Glotzaugen, wuchtigen Eckzähnen in einem weit aufgerissenen Maul, das alles zu verschlingen droht.

Vermutlich legendenhaft entstanden von *Skanda Purana* (nach Wikipedia) als *Jalandhara*, ein alles verschlingendes Geschöpf, geschaffen von *Shiva*, Teile von dieser Schöpfung wurden von Shiva selbst (und Mitgöttern) gleich aufgegessen, wobei ein Auge und der Schwanz genannt werden. Danach gab Shiva seiner Schöpfung den Namen "Antlitz der Ehre" auch "Antlitz des Ruhmes".

Kalas sind im javanischen Tempelbau und seiner Architektur ein bedeutsames Element, die Ein- und Ausgänge und Nischen schmücken. In Zentral-Java treten sie oftmals zusammen mit den *makaras* auf, Fabeltiere in Gestalt eines Ungeheuers. Der *Kala*-Kopf ist oberhalb der Tür, die *makaras* stehen meist links und rechts der Türschwellen.

Im Gesamtmotiv wird *kala* als ein Symbol der Sonne gesehen, während die tiefer sitzenden *makaras* für Irdisches, aber auch Wasser stehen und können so im Zentraljavanischen auch das All oder Universum versinnbildlichen.

LINGAM = LINGGA

= Zeichen, auch: das Symbol.

Phallusartiges Symbol für den Gott Shiva; meist aus Stein und oft in mehreren unterschiedlichen Stufen übereinandergesetzt, auch aus einem Stück gehauen. Nach hinduistischen Vorstellungen erfährt durch eine rituelle Handlung das Wasser, das über dem Lingam gegossen wird, eine Wandlung und nimmt die Kraft des Gottes auf. Dieses so geheiligte Wasser wird zu den Reisfeldern gebracht um dadurch eine gute Ernte hervorzubringen.

MAHAYANA

Richtung des Buddhismus als "Großes Fahrzeug" bezeichnet und der weit verbreitet ist, da er auch besonders für das bereits erreichte jenseitige Dasein als *Bodhisattva* eine große Bedeutung hat.

MAKARA

Makaras werden in ganz Südostasien besonders an Treppen, auch an Statuen und Türbögen als Verzierungen verwendet. Ein Makara hat im Gegensatz zu dem ihm ähnlich aussehenden Naga nur einen Kopf, jedoch eine leicht gewellte und etwas längliche Schnauze mit einem aufgerissenen Maul in dem scharfe Zähne sitzen. Er hat einen gedrungenen und gewundenen Körper, oftmals mit kurzen Vorderbeinchen, manchmal wird er auch körperlos nur mit einem schuppigem Schwanz dargestellt.

Makara werden auch an Tempelgebäuden zusammen mit einem **Kirtimukha** [siehe Glossar] (Sanskrit: „Antlitz der Glorie", auch *Kirtimukha* oder *Kala*) dargestellt, einem dämonischen Monster der hinduistischen Mythologie, der sich in seinem wilden Hunger selbst auffraß, bis nur noch sein Kopf übrig blieb. So wie der Kirtimukha Vegetation ausspeit, so entspringen dem Maul der Makara ein- oder mehrköpfige Nagas. Bereits an den Tempeln der Khmer befinden sich Makara zusammen mit Kirtimukha über den Eingangstoren, wie zum Beispiel im Banteay Srei und auch im Angkor Wat. Am Borobudur erscheint er ebenfalls als ein mythischer Dämon, mit einem längeren elefantenartigen Rüssel, ein seltsam geformtes Maul, es sieht papageienhaft aus. Am Borobudur erkennt man an den Treppenaufgängen, dass die

Makara auch kleine Löwen als eine Verzierung im Maul haben. Der Körper und Schwanz sind fischartig, so wird er leicht mit einem Naga verwechselt, besonders wenn der Körper schlangenartig dargestellt wurde. In Java wird diese Figur sowohl vom Buddhismus als auch dem Hinduismus an religiösen Bauen verwendet.

SHAKTI

Ist im Hinduismus die weibliche Urkraft des Universums, ist eine aktive Energie. Energiebeschaffung durch sexuelle Vereinigung.
Die unzähligen indischen Göttinnen werden als Form von Shakti angesehen.

TANTRISMUS

Eine mysthisch-magische, teilweise aus *Buddhismus* und *Hinduismus* zusammengesetzte Form, dabei spielt die sexuelle Vereinigung einer männlichen Gottheit mit seiner → SHAKTI, eigentlich seine Gattin eine wichtige Rolle zur Energiebeschaffung.

YONI

Symbol, stellt das weibliche Prinzip da, nicht die Vagina. Sollte immer in Verbindung mit dem → Lingam stehen, als Symbol des Männlichen Teiles in Phallusformen, Lingam und yoni vereinen sich in Fruchtbarkeit, dabei Phallus als Inkarnation Shivas.

VAIRAPANI

Vajrapāṇi hält den *vajra,* einen Donnerkeil, in der Hand. V. spielt im esoterischen Buddhismus eine zentrale Rolle.
Er zählt zusammen mit *Avalokiteshvara* und *Manjushri* zu den drei wichtigsten *Bodhisattvas* und gilt als mächtigster Beschützer des Buddhismus.